謝泳 編著

吴瑞甫先生年谱简编

目 次

1872年 ・・・・・・・・・・・・ 5
1884年 ・・・・・・・・・・・・ 6
1886年 ・・・・・・・・・・・・ 9
1890年 ・・・・・・・・・・・・ 10
1903年 ・・・・・・・・・・・・ 11
1910年 ・・・・・・・・・・・・ 12
1918年 ・・・・・・・・・・・・ 13
1919年 ・・・・・・・・・・・・ 15
1920年 ・・・・・・・・・・・・ 18
1922年 ・・・・・・・・・・・・ 19
1923年 ・・・・・・・・・・・・ 21
1925年 ・・・・・・・・・・・・ 24
1927年 ・・・・・・・・・・・・ 40
1928年 ・・・・・・・・・・・・ 41
1929年 ・・・・・・・・・・・・ 43
1930年 ・・・・・・・・・・・・ 44
1931年 ・・・・・・・・・・・・ 45

1934年 ・・・・・・・・・・・・ 46
1935年 ・・・・・・・・・・・・ 49
1936年 ・・・・・・・・・・・・ 80
1937年 ・・・・・・・・・・・・ 84
1938年 ・・・・・・・・・・・・ 85
1939年 ・・・・・・・・・・・・ 88
1940年 ・・・・・・・・・・・・ 108
1941年 ・・・・・・・・・・・・ 126
1942年 ・・・・・・・・・・・・ 138
1946年 ・・・・・・・・・・・・ 150
1947年 ・・・・・・・・・・・・ 151
1948年 ・・・・・・・・・・・・ 152
1950年 ・・・・・・・・・・・・ 167
1952年 ・・・・・・・・・・・・ 168

附記 ・・・・・・・・・・・・ 169

1872年

　　吳瑞甫生於廈門同安區同禾鄉石潯村，世居同安縣城後爐街，世代醫家。名錫璜，字瑞甫，號黼堂，別署孚塘。

　　吳瑞甫家族從泉州遷徙到同安縣城行醫，至吳瑞甫為第八代傳人。之前吳家歷代祖先在同安行醫居無定所，至第七代方購得後爐街房屋（即今常青路八十八號）定居下來。

1884年

本年 在同安雙溪書院作文〈睊睊胥讒〉，全文如下：

極擬饑勞之象，形諸目亦宣諸口矣。夫睊睊已不堪矣，況胥讒乎。誰使若此兩者，而已顯為著乎？晏子於是告景公曰：昔當厲王之世，道路以目，此為禁其讒，故反形諸目也。乃有讒不能禁，而目亦遂皆讒以俱來，並且讒不一讒，而欲讒者，無不悉形諸目焉。此則已言俱厲，已於今而顯呈其象矣。夫今之師行糧食，何竟有目不忍見，有耳不忍聞，而使之弗食弗息乎？弗食則其饑之也至也，絕粒已久，眸子亦覺其無光，不且貿貿然來，難寄隱情與揚目。弗息則其勞之也。甚矣，筋力久疲，欲言難覺其難出，不且慘慘曰瘁，難見振臂而疾乎，然而坐視艱虞，其難甘心也。饑勞交迫，久悲瞻視無人，焉在憤極怒生，不傳余恨於眉睫，然則坐罹困頓，猶將慘怛奮乎也。食息難安，久悲控告無所，焉在憤極怒生，傷心慘目，能無胥動以浮言，夫不有睊睊乎？裂眥而視，幾同抱歉目送，竊意困厄難堪，姑以睊眥而報其殘虐，夫不有睊睊而讒乎。張目而乎，儼若負冤切齒，誰知虐殘久困，史以謗詈而淺其隱情，側目而視，亦復信口而乎。

變態無常,幾若不解聲容之乖戾,而要惟譏勞交用,故聲若言貌,悉見形狀之乖張,怒目相嗔,亦復惡聲相向,貌言互用,已亦不知仇隙之何深?而要惟食息難惟難艱。故笑貌聲音,實見形容之俱屬,睊睊有在讒先者,語言未出,已見怒貌畢張,而彼此同符,又自不覺聲情之激越,睊睊有在讒中者,謗讟方來,即見嗔目相視而後先一致,幾若不覺睢旴之輒生,睊睊有相觀而然者,既讒亦相觀而然也,彼見此之睊睊而讒,而一問其何以睊睊,何以讒將不睊睊而讒者,亦不能寂然矣。蓋聞而震駭,即非身受者,小代為不平,而不睊睊胥睊睊,不讒胥讒矣。睊睊有受虐而然者,即讒亦受虐而然也。此見彼之睊睊而讒,而自顧其亦此睊睊,亦此讒,將此睊睊而讒者,亦不約自同矣。蓋轉相效尤,舉凡身受者,亦無不惟肖,而欲睊睊胥睊睊,欲讒胥讒矣。呼庚眡酒,斯人具有同情,則告訴無門,聊為揚眉吐氣,飲泣吞聲,夫人均此難忍,則詛祝相望,詎能低首而下心,夫君也,而使之如此,民其不作慝乎?

〈試得綸羽扇〉(得綸字五言六韻)

　　討賊君胡胄,先生豈等閒
　　攜知團扇羽,戴是一巾綸
　　數萬紛揮際,三分掌握間
　　白翎名相度,烏角大儒顏

覺而無雙品，如他見幾班

公能持重柄，扶漢最相關

機緒自清，容嫌有造作氣。詩未雅適（此文據廈門龔潔先生提供影本釋讀）。

1886年

本年 奉父命學醫，博覽歷代醫書，精研思考。

1890年

本年　中秀才。

1903年

本年　中舉。

1910年

本年 參加同盟會。

1918年

本年　為同安鄉先輩明陳松如《蓮山堂文集》作序,序文如下:

邑之西北有蓮山焉,峰巒聳翠,絕肖蓮花,吾同之名勝也。山川鍾靈秀之氣,其間必有傑士畸人以德行、文章垂為世範,或假物以傳,或其人傳並其地而亦傳。故宋周茂叔以愛蓮著為說,明陳如松即以「蓮山」名其堂,而皆有德行文章可名於世。蓋賢人君子之取義於蓮,異世同符,有如是夫。白南先生處有明之季,其時仕途蕪穢,奔競成風。先生獨能守正不阿,孳孳焉以民隱為念,上官之喜怒均非所計。服官數年,苦蕭山,苦太倉,苦河源,苦信宜,至今猶盛稱先生之吏治弗衰,其清理康退,功德在民,有如此者。以觀近世士大夫夤緣干進,賄賂公行,凡可以博長官意欲者,雖百計營求,不惜為小人卑鄙之行,甚且禍延蒼生,亦有所不恤。前後不過數百年,抑何賢不肖之相去,乃不可以道理計耶?今讀先生《蓮山堂集》,淵懿古懋,一種樸誠之氣流露行間。又每於小中見大,言外見意。蓋以世道人心為重者,不謂之純乎古文而不可也。

戊午首夏,余將游西湖,陳君延香出先生集問序於余,

云將請陳君敬賢備資刊刻,以廣其傳。余自愧譾陋,何足以序先生之文,顧念鄉先輩以有功世道人心者著為文集,其功德在民,即其文章亦應垂諸不朽。是必有鬼神呵護,方僅留此斷簡殘編,藉二君以永共傳者。後人善讀古書,誦先生之文,對於先生之廉退高風,必能敦崇之,以為世範,於世道人心必非小補。用特書共事,以告來者。

民國七年四月　邑後學吳錫璜序於杭州西湖之新旅館

（據陳峰校注《蓮山堂文集》,廈門大學出版社,二〇一八年）

1919年

本年 作〈文瑞樓重刊聖濟總錄緣起〉，全文如下：

我國醫學，肇始軒岐，繼爾伊尹《湯液經》，又繼爾有《傷寒》、《金匱》、《中藏經》、《甲乙經》，至唐孫思邈始著《千金方》，王燾又類集唐以前諸方書為《外台秘要》，徐靈胎稱此書為博大精微，陳修園為其論宗巢氏，方多秘傳，為醫門之類書。尚已。考其書，卷分四十，計一千一百零四門，以為博則誠博矣。然非潛心有得，先熟於《傷寒》、《金匱》、《本草》經疏諸書，實不免有氾濫無所適從之處，則是書猶非善本也。宋政和間著《聖濟總錄》，書凡二百餘卷，都二百萬言，論簡而該，方博而要，大率就漢以下各方籍，掇其精華，棄其糟粕，以成此書。而今讀其原序，恍然於當時之作總錄，原以急世用而救民疾，則是書已將頒諸天下，著為令典。所惜靖康禍起，簡策播越無存。考內閣藏書目錄云：《聖濟總錄》二十六冊，不全。元大德間重校，莫詳姓氏。當時未盡通行於世，已為金元所有。故雖再刊於金大定，三刊於元大德，而以山川遙隔，世界未通，卒末由藏諸御內，以垂醫鑒。又何怪其淹沒難稽

也。洎乎明清二代，是書尤益散失，按之楊士奇、張萱所錄本，及清程林之購求殘帙，僅得三本，後再補苴缺漏，尚闕一百七十三卷至一百七十七卷。以煌煌四庫全書，網羅天下載籍，猶未免缺而不全之憾。彼醫學名大家，究何從得完全之書而參互考證耶？乃知方書所引用之聖濟方，不過鳳毛麟爪，吉光片羽之遺耳。欲得是書而博覽之，亦戞戞乎綦難哉！文瑞樓主人，以是書為我國粹學，不惜重貲，覓之數年，始得元大德四年集賢學士焦養直所刻本，將付石印，以餉於各醫界，問序於余，余惟我國醫學，雖非由科學而來，而經驗之宏，藥品之多，為五洲冠。是書包羅富有，於治病各科，有條不紊，醫學家得此書而習之，不難窮源竟委，為源源本本之學，則表彰是書者，其有功於醫門不少矣。余研岐黃家言，不下數千卷，是總錄仍目所未睹，以散佚之書，猶得因文瑞樓之保存國粹，以廣其傳，蓋醫門之幸事，而非可以類書目之也，爰序其緣起如此。

中華民國八年　閩同山吳錫璜序于春申江上

本年　校正宋代重要醫學著作《聖濟總錄》，刊印此書的一則廣告如下：

《聖濟總錄》一書，為宋正和奉敕撰刊頒行天下，奉為金科玉律久矣，著為令典。書凡三百卷，文二百餘萬言，

論簡而精,方博而要。凡食治針灸、湯醴、漬浴、按摩、熨引、導引、砭石,無不兼綜條貫。傷寒吐血,肺癆、兒科、婦科、外科,尤為特色,洵我國數千年來獨一無二之巨著。十三科醫學最完全明備之書。惜靖康之變,版毀無存,四庫全書收載纂要,指以未睹原書為憾,則其書寶貴可知。本莊以是書為我國、為國粹學,特不惜重貲,始得元大德四年集賢學士焦養直所刻本函付石印,以饗醫界。吾國醫學雖非由科學而來,而經驗之宏,藥品之多,為五洲冠。是書包羅富有,於治病各科,有條不紊,醫學家得此書而習之,不難窮源竟委,為原原本本之學。本莊又請閩中儒醫吳繡堂先生詳加校勘。凡有志研究之醫學家及熱心愛國之衛生家,無論何項疑難雜症,既可引症用藥,又可卻病保身,誠不可不備之要書也。茲將總目披露於後。其餘子目繁富,難以備載。用上等中國連史紙精繕石印,業已出版,分訂六十冊,精裝六函,為普及計,發售特價,定價二十八元,特價洋十六元六角,外埠函購加郵費六角,存書不多,欲購請速。

1920年

　　《中西溫熱串解》由上海文瑞樓刊行，線裝六冊，前有蘇萬靈序言一篇，吳瑞甫自序一篇，廣告如下：

　　　　書為福建閩同安吳䪺堂孝廉撰述。書凡八卷。先生系現代閩中儒醫。生平評注醫籍，著作等身。精研東西洋醫學醫理，博稽考定，不遺餘力，是不特於東西學說，多所折衷，即我國學說，經先生從實驗中推勘者，靡不簇簇生新。確有實效，視漢唐以下舊注醫籍，從模糊影響中揣測者相去奚啻天壤，真我國治溫熱獨一無二之精本。醫學家能讀此書，臨症以治溫病，自有得心應手之妙。（全書六冊布套，價洋二元四角）

　　此書後收入王致譜主編《民國名醫著作精華》，有劉德榮、金麗點校排印本，二〇〇六年福建科學技術出版社出版。

1922年

本年 《中風論》由上海文瑞樓刊行,線裝二冊,前有蘇萬靈、陳延香序言各一篇,吳瑞甫自序一篇,文瑞樓書莊推薦:

閩同安孝廉吳錫璜撰,是書為熊叔陵原本,福建長樂名醫陳修園鑒定。立論語語精粹,以治中風人症靡不藥到回春,吳簾堂先生經屢試神驗,又積其平生所閱歷、治效,大加刪補,擷中西學說而會其通,舉凡臟腑功用,腦病源流,與夫經氣、宗氣、衛氣、營氣,均能探源立論,且與中風看護法、辨證法、施治法、善後法、外治法,無不體會入微,洞中窾要,洵中國獨一無二治中風之善本也。凡講貫中西醫者,能家置一編,以之臨症處方,自有大驗。用中國連史紙精印裝訂二冊,定價大洋八角。

本年 《中西脈學講義》由上海文瑞樓刊行,線裝一函兩冊,書前有蘇萬靈序一篇,吳瑞甫自序一篇。文瑞樓廣告說明:

書為閩同安吳簾堂孝廉撰述。孝廉先代皆以醫名,先生又以名儒兼精醫理。竊惟脈學者,診病之源,至關緊要。先

生以諸脈書多非善本，及取前代脈學各方籍，擇其精切有據足徵實用者，參之西說以會其通。舉凡常法、變法、新久病法及察脈各玄機，大率皆舊訣所未見及之。本書於微妙中益參微妙，精緻中更求精緻，其視舊訣細切與否，實驗與否，讀者自能言之。及書成，因名之曰《中西脈學講義》，不謂脈訣而謂脈學，因近世各省醫學校以次成立，將與新醫校講新脈學也。此書一出，脈學必有定論，不致如前之家自為說也。其有裨益我國醫學之前途，豈鮮淺哉！用上等中國連史紙精印裝訂兩冊，定價大洋八角。

8月12日　《江蘇全省中醫聯合會增刊》「醫籍考」專欄，推薦《中西溫熱串解》，全文如下：

旨在貫穿中西溫熱學說，盛道中醫之論治神奇，大有揚中抑西之意，其書先以論辯詳載脈證、舌苔，中間搜採余時愚、葉香岩、薛生白諸人學說，自為注釋，以中醫不用驗尿器及寒溫表等為病，末附西藥如阿斯必林類，綜其歸趨，以中說為重者也。

1923年

本年 主編《同安縣志》。

12月 在上海《神州醫藥學報》第二卷第三期刊〈論中醫為國粹學〉，全文如下：

中華以四千餘年古國，醫籍未經秦火兼之歷代名賢根據闡發，人數眾多，病情亦奇變，藥品出產取多用宏，直駕五洲而上，蓋極完全之國粹學也。《內經》、《傷寒》多以六氣傳變立論說，似籠統而辯證，用藥界限謹嚴，經方效如桴鼓，久於其道者，靡不交口豔稱，此乃世界公論，非一人之私言也。淺識者流，動輒謂中國醫學無定論，其實乃市上搖鈴輩胸無墨瀋，故人自為說，著述家又各分別門戶，炫異務奇，故議論常有不同之點，倘知窮源竟委之學，則一病有一病之主名，一病有一病之主方，安在其無定論耶。鄙人生長海濱，家藏中國醫書千餘卷，東西洋醫書數十種，勤求古訓，梳櫛今書，已三十年，於茲乃悟中國醫學大略分為三派：王燾《外台》、金壇《六科》、李時珍之《綱目》。沈再平之《尊生》，博而寡要，僅可作醫門之類書，可無論已，若程雲來、魏荔彤、張令韶、張隱庵、柯韶伯、徐靈

胎、陳修園、成無己、黃坤載、俞嘉言輩，皆從《傷寒》、《金匱》研究而出，為醫門之《正法眼藏》，後之人稱之為《傷寒》派，諒哉，其為國粹學也。外此又有溫病派，則葉氏倡之於先，章虛谷、王孟英、吳鞠通、吳坤安、邵步青、雷少逸輩相繼闡發於後，此一派南方多用之，蓋時病均要之書也。疫病則劉鳳逵之《暑疫全書》，戴麟郊之《廣溫疫論》，吳又可之《溫疫類編》，劉松峰之《說疫》，孔以立鞭辟入裡之書，至薛立齋、趙養葵、張景岳、馮兆張與夫傅青主之男科，倡為補陰補陽之說；陳修園、黃坤載頗惡之，此一派雖採擇繁富，僅可節取其長，若以之治外感病，未有不殺人於俄頃者，此蓋源流不清，聰明誤用，名山著述，轉為禍世之階，未可以是為中國之醫學病也夫。中國之醫，通天地而參氣化，故精於此道者，大率能辨生死於指端，起沉痾於俄頃，自漢迄今，名醫輩出，其治病也藥到病療，歷歷可數，蓋國粹之學，如日月經天，江河行地，一入精微之奧，便可操之縱之，惟所欲為而又界限分明，辨症處方備極細，且有時以和平輕淡之品癒人奇疾，超妙入神，不可思議，此無他，我國醫學最古，人民最眾，試驗最多，成效最著，故能見信於社會如此之深且切也。世人不察，動謂東西醫學近十年來之進步一日千里，遂據天演優勝劣敗之例，謂中醫必日就式微，不思西學即甚東漸，而中醫之國粹學必依然存在，蓋中醫之衰，乃國家之不提倡其事，故雖毫無學問

者，仍得懸壺市鎮，無怪其為人所輕視，至若學習既久，體認獨真，以愈疾病，若操左券，故醫學未振興不足惜，而徒知長他人之志氣則可惜；藥物未精良不足惜，而使外洋藥物學輸入以益中國之漏卮則可惜，參用東西醫不足惜，而不及早合全力以整理，反使中國人民生命盡操縱於外人之手，則更可惜。古語云：眾擎易舉，獨立難支。凡我同志，須抱保存國粹之心，急起直追，虛懷採納，博古通今，講求秘法，刪古籍之繁蕪，吸中東西各學說之精華，共相鏊訂，書成請政府頒行，以貢於我國醫界，此則僕所有志而願與深於醫道者共勉之。

1925年

本年 《奇驗喉證明辨》（全稱《新訂奇驗喉證明辨》）由上海文瑞樓刊行，線裝一冊，書前有蘇萬靈短序一篇，吳瑞甫自序一篇。後收入「福建歷代名醫著作珍本叢書」，有陳玉鵬、溫建恩、劉德榮校注排印本，線裝書局二〇一一年出版。

3月4日 出版（第十五期）第二卷第三號《紹興醫藥月報》刊出〈介紹吳氏《中西脈學講義》〉，全文如下：

> 此書係臺灣吳黼堂先生撰述。擇其精確有據，足徵備用者，參諸西說，以會其通。舉凡常法變法，新久病法，及察脈各立機，大率皆舊訣所未見之作。鑒別甚精，體例亦善，足為近今中醫學校教授之善本也。總發行所上海文瑞樓，定價每部大洋八角。

同期刊出〈吳瑞甫先生來函〉，全函如下：

> 廉臣老兄先生有道：日前奉到《醫學月報》十三本《廣溫熱論》，全部各照收。弟竭兩晝夜之力拜讀。鉅著於辨證疏櫛竊要，洞達病情，已足入吳坤安之堂而成其哉，允為溫熱症

確當不易之善本。至講求診舌及分類審症，處方精切入微，確係從臨症閱歷實驗研辨而出，尤足壓倒麟郊，張鳳逵、周禹載輩，更不足言矣。然先生仍歸美於戴、陸二公，渾厚精明，兩擅其勝，真令人欽佩無既，讀來倒有雲集同志編輯講義，實出貴意之所同然。貴報開章宣言書經有言及，惜弟未之見謬，以為請耳。承示不棄，歡慰何及，此後如有疑義，應即馳書請教。大著除《感症寶筏》、《廣溫熱病》外，尚有其他之出版書不否？張壽頤先生《中風斠詮》，筆鋒犀利，言皆深入，自此書外，尚有再出版否？懇教我為幸。至云家傳秘方，寄刊貴報，固所甚願，弟現正編輯十三科所有驗方，多覼列其內，敝會後月又擬刊發雜誌，兼之弟纂修敝邑縣誌，瞬將完成，日間診症，幾無暇晷，夜間又從事筆墨，合五湖醫學說，大加釐訂，願長力短，無足為諱，編纂餘閒，倘有新知，應即備論說及驗方寄上，藉以附驥，即弟亦大有榮施，未審尊意以為然否？耑此先行奉覆並劬著安

弟吳錫璜肅覆

再者，編纂醫學講義，非讀書多，臨症熟，萬難當此重任。我國醫學繁難，非讀書十餘年，臨症十餘年，具有學識經驗者，難資熟手，錫璜才力鈍拙，勤勤勉勉，近四十年，造就亦僅有限，倘就此時集合海內最高之醫學人才，研究體例，分門纂輯，書成又互相參考折衷，以求其確當，則後起

習醫者，成材較易造就，正未可量。閣下以老成碩望，似宜出牛耳，錫璜雖簡陋無文，亦當竭綿力以隨諸君子之後，彼西法以劫藥治病，累用酷毒物質者，當不能與我爭衡，然乎否耶？商之，錫璜再上。

本年 第二卷第四號《紹興醫藥月報》刊出：閩同安吳錫璜《新編急慢性傳染病之商榷書》，文章開篇說：「余於去年應上海文瑞樓主人之請，編輯十三科，分審症、處方、集驗類。今春三月，適編傳染病，忽奉紹興名醫何廉老以書來，謂將與蘭溪張壽頤、泰興楊如侯、鹽山張壽甫諸先生，同編《急慢性傳染病講義》，俟書成請教育部存案，為醫校之課本。囑錫璜開始建議，登紹興日報，以與全國諸名醫共相討論。錫璜自問學淺才疏，深恐未能負荷，然事屬創舉，應竭力提倡，以引起人民普通之新知識。」

同期刊有〈吳瑞甫先生來函〉，全函如下：

廉臣老先生道鑒：月前承命編《急慢性傳染病商榷書》，經與月抄由郵遞上，諒鑒察，登諸報端以就正於如侯、壽頤、壽甫、思潛諸先生矣。似此分門是否有合，先生必能周行示我也。所寄貴報十四、五兩期，均收到免介，此後尤望接續寄來為幸。本擬速彙報資，因近日敝友葉青眼君，閱貴報甚為愜賞，囑弟介紹，報資已交在弟處，此人乃清之廩貢生，其閱報將由今年正月算起，其住址可寫寄廈門

鎮兩關佛化青年會轉致葉青眼先生，便可收接。廈地他醫亦有到弟處借閱貴報者，或再訂購亦無一定，後期定即報資蕩晉也。楊如侯先生《素靈生理新論》，下語精實，見地超卓，足可談醫。兄前書所言之高思潛君，聰明穎異，卓卓不凡，但其立論偏重西說，將來編輯時，如能中西並重，以中醫學為主體，以西醫學為參證則妙論精思，足樹一幟，益令弟佩服弗盡，願先生向其參酌可耳。讀貴報如侯先生函曾云，鼠疫古無是症，將仿紫陽補經之例補入。錫璜意以為紫陽經為其錯簡耳。如疫症，大抵隨氣候為轉移，古無今有，並非闕略，又專用補者，吳又可及劉松峰曾與乾隆間急救奇痧方，其症類皆方書所未有，但敘述源流，便於體例有合，無所謂補也。即以鼠疫論奇痧方，有老鼠痧一症，其形黑唇紫腫疼咽喉痛，與西人言百斯篤為黑死病，大略相類。考趙州師道南《天愚集》云，趙州有怪鼠，白日入人家，伏地嘔血死，人染其氣，無不立殞，即道南亦以怪鼠病死，可見此疫發生，在我國已近百年，但不甚耳。俞曲園筆記云，同治初，滇中有大疫，疫將作，其家鼠無故自斃，或在牆壁中泳爐上，人不及見，久而腐爛，人聞其臭，鮮不疫者，病皆驟然而起，身上先爛一小塊，堅硬如石，顏色微紅，捫之起痛，旋身熱譫語，或逾日殘，或即日死，醫不盡治，得活者千百一二而已。此症雲南人謂之癢子瘟，或謂之疙瘩瘟。究之，疙瘩瘟，見於吳又可書及薛氏醫案，但不言先期死鼠，

恐未為合，由上各書考之，則鼠疫自昔已有，不始於香港傳染病，已昭然若揭矣。楊君為國醫界中之博雅君子，料通信時，不過信筆書抒寫，倘加以考察，其縝密處誠非錫璜所及，用敢略陳梗概，以為考證之一例。錫璜《傳染病商榷書》，不過匆匆草就，甚願海內各醫學大家討論而駁詰之，俾得改正竣整，則感銘五內矣。總之，我輩為振興國學計，探索研究，不厭其詳，現下我國醫學人材，雖所在多有，然群花異卉中定有幽蘭奇草，璜意須由我六、七人發起，成立我國廣醫學會，則彼此互相討論，當不少奇才異能奇共賞而疑共析也，然乎否？尚祈先生教我為幸

並劬　道安

弟乃泉州同安籍，介紹脈學竟寫臺灣兩字，煩改正至盼。

本年　第二卷第五號《紹興醫藥月報》刊出〈介紹吳氏《中西脈學講義》〉，上期「此書係臺灣吳鬳堂先生撰述」，已改為「閩泉州同安吳鬳堂先生撰述」。本期首篇刊有吳瑞甫長篇論文〈論鼠疫之預防及其療法〉，開篇說：「鼠疫一症，讀師道南及俞曲園集，群謂患者多死，蓋療治之無方法，已百年於茲矣。兩年前廈門此症盛行，回春醫院董事開議，囑錫璜研究防疫及治法，以付各醫家試驗，竟多所全活，所擬條目列左。」

本年　第二卷第七號《紹興醫藥月報》首篇依次刊出吳瑞甫論文三篇〈傳染病之源流〉、〈論交通便易傳染之酷虐〉和〈對於用

施德之神功濟眾水者之感言〉，署名矞堂。

本年　在《醫學雜誌》（山西太原省中醫改進研究會主辦）第二十六、二十七期刊連載〈鼠疫消弭及療法〉，文前署：名譽會員吳錫璜。其中二十六期「通訊門」刊有〈本會覆吳錫璜先生書〉，原信如下：

（上略）昨由敝會會長發下惠書一件及大著三種，交會研究奉覆。遵即便示會友悉心討論。諗知先生家學淵深，中西融貫，持論則不偏不倚，著書則可法可師，濟世利人，偉功碩德，至佩至感。振興醫學數條，深合敝會宗旨。特敝會地處一隅，人才缺乏，每抱心有餘而和力不足之感想。亟應登諸報端，俾海內同人勉力改進。近年各省設立中醫學會者日益月增，而細察其困難處，總由經費不敷，不能萃集多數名醫於一室，專一研精，分科編纂課本，互證中西，借賓定主，蓋中醫之不振，由於無統系，欲有統系，必須分科，而一科之中，討論草創修飾完美，斷非一二人所能勝任。一科如此，十數科談何容易乎？緬想當年纂輯《醫宗金鑒》之盛事，千載一時。惜彼時西學尚未輸入，毋亦述古有餘，啟新不足，今則解剖組織，披圖爛然，往日諸注家疑慮不敢斷定者，試一為推測，與我國內經如合符節，此又千載一時也。往者力有餘而時未至，今者時既至而力不逮矣。可勝慨哉！先生《脈學》一書，首先發明「動脈即經，靜脈即絡，微絲

血管即孫絡」之論，確切不移。蓋中學論脈，首重肺部之呼吸，西學論脈，注重心臟之發動，其理則一，而淺深高下，微有不同。識者自能辨之（肺脈起於中焦，中焦受氣取汁，為血液之本原，化赤奉心，心之合脈也。而疑張馳躍動，悉隨肺之呼吸，則心臟發血，乃第二義矣）。《中風論》歸重腦部，與張山雷君《中風斠詮》一書互相發明。《溫熱窺解》，準今酌古，互證中西，慘澹經營，洵推國手。敢拜嘉貺，置諸會中以供同人玩索並擬聘請先生擔任敝名譽理事，遙相贊助，匡其不逮。嗣後大著陸續出版，尤望寄下。奉繳價值不誤（下略）。

本期同時刊有〈吳錫璜先生致本會第二書（第一書佚，俟查出補登）〉，原文如下：

（上略）月前由敝院奉到貴會惠函一件，雜誌二十三本。《靈素》、《生理新論》兩厚冊，經由郵政發付，收條諒經呈送典簽矣。捧讀數書，雜誌則內容豐富，《靈素》、《生理》則溝通中外，精切不磨，佩服之至。弟所以遲未答覆，因匆匆回梓，由敝院理事人代為收存。比來廈殿誦大教，諄諄焉以編纂課本為勉勵改進之圖，具保存國粹之苦心，起振興中醫之宏願，正欲稍舒胸臆，發狂夫之言以備採擇，旋讀紹興何廉老書，謂已邀楊如侯、張壽甫、張壽頤諸

公共編《急慢性傳染病講義》，委錫璜先行發表意見，以紹報乃初間出版，於是竭四晝夜之力，編成《商榷書》，趕速提前郵寄，方好登載報端，藉以就正諸有道，以便彙集眾長，成為有統系之學術。此弟所以對於貴處遲遲裁答之原因，並非自甘稽懶，諒亦可蒙鑒亮。來書謂當年編纂《金鑒》，為千載一時之盛事也，若以地遠一隅，人才缺乏為憾。璜以為辰郵筒便利，數萬里按期可至，垓埏之間，若戶庭焉。若彼此同志，千里神交，正不啻聚名流益友於一堂，又何必高朋滿座，乃可賞奇析疑耶。以病情論之，方土異宜，南北異治，尤宜互相討論，觖益勳中竅要。貴會登高一呼，萬山皆應，舉凡醫中翹楚，胥為夾袋人物，倘能於群花齊放之中，拔出幽蘭奇草，以之採納眾芳，廣靈異卉，則瑤草琪葩，悉屬天壺世界所有，較諸昔年吳謙編纂時代，不且駕而上之焉！璜力短願長，與貴會所主張，不啻心心相印，處此天演淘汰互爭勝負之期，若不奮發精神以為軒岐生色，則千秋絕業，道脈誰延，用特馳書於何廉老，懇為主持，屢接覆函謂已邀貴會楊、趙二編輯等共同編纂，私心竊慰，以為得附諸君子之後，何幸如之。望值此升沉絕續之交，奮力前進，尤所馨香禱祝以求之者耳。承示謂脈首重肺之呼吸，此即脈書所云一呼一吸，脈來四至，亦即《金匱》肺朝百脈之義。立說固較弟著尤精。然璜乃據內經「心之合脈也，其營血也」二句，謂與體用十章西說論脈相符。故舍彼而從

此，究之肺主氣，心主血，二者為人身重要機關，脈所以能診察病情者，在此一著。即人身所以握生死之關頭者，亦在此一著。西人每謂我國診脈難憑，正未悉此中精微之奧耳。敝書奉上，意在拋磚引玉，藉廣學識，乃承過獎弡益顏色厚。又擬聘璜為名譽理事，自愧謭陋，又何敢當。弟此後苟於貴會有應效力之處，亦當稍獻芻蕘，以為土壤細流之一助（下略）

本年　陳桂琛《己丑生得子唱和集》刊行，線裝一冊，有吳瑞甫序言及賀詩兩首，序文如下：

蓋聞麟紱鹿胎，表聖人之瑞應；鳳毛麒骨，誇神相之英奇。崧之生也非偶，嶽之降也不凡。是故弄璋有慶，脫虜群占。王良、造父，卜星宿之孕靈；申伯、呂侯，萃山川之毓秀；徐陵未產，鳳集其肩，魏筆初生，雀飛入手。徐勉則弱齡表異，李泌則稚慧同稱。諒哉！國民所生無忝矣。乃者余友陳丹初先生，以微蘭之瑞，啟毓桂之華。跨灶有才，見推耆宿；充閭足喜，竟譽妙齡。依草落花，共獻邱遲之筆；鏤心刻骨，齊添李賀之詞。已丑生得子唱和集所由作也。懿夫，諒瑤啟秀，博莊武之欣心；富貴升卿，緬虞經之積德。才望洽賓朋之譽，實堪卜門第之榮，聯吟花萼甲乙集，賡續於樊南，助興江山丁卯集，揄揚於務觀。固已座客驪探，

高堂燕喜，寫儒林之韻事，纘祖考以重光已。先生以己丑生其子，以癸亥生攬揆，已有佳辰承喜，彌堪愛日。粵稽古昔名流，謝殿撰以己巳生，詹寺丞以壬午生。近考漳泉文獻，蔡相國以戊寅生，許會魁以庚午生，其所生之年即其邁跡之年，唱酬為樂，步竹里之後塵，贈答興歌，譜蘭陵之別調。行見後先輝映，共推命世之英，並教喬梓成蔭，同蔚濟時之彥。用綴蕪詞，以弁篇首。丙寅仲夏愚弟吳錫璜瑞甫氏謹識

賀詩兩首：

　　年逾而立得嬌兒，勝彼袁枚有阿遲。
　　他日芝蘭同競秀，最良還要認雙眉。

　　二女同居二女生，頻年懊惱未添丁。
　　與君方齒吾猶少，轉慰山荊與小星。

同安吳錫璜　瑞甫

11月　出版《紹興醫藥月報》第二卷第十一號刊載〈廈埠醫學公會會長兼神州醫報編輯主任吳錫璜上教育部總長請中醫學加入教科書〉，全文如下：

　　呈為醫學關重，請將中醫歸入課程，切實整理，以保國權事。我國醫學，肇始軒岐，自漢以下，名醫輩出，起沉痾，愈痼疾，成效彰彰可紀。西醫晚出，挾其藥物之殘毒，

器具之精良，因我國內景諸圖說，偶有一二謬誤，遂不免尋瑕詆隙，有睥睨中醫之勢。不知我國開國最早，四千餘年之閱歷經驗，久印在吾人腦髓中，法奇方效，通變靈活，已為全國醫學名大家所宗仰，其所以臟腑繪圖略有錯誤者，因自古無剖割人體之例，臟腑無從親見，此無足為諱也。若言其功用，則素問、靈樞諸學說，西醫皆不能出其範圍。考現代山西楊百城所著《素靈生理新論》及錫璜所刊《中風論》臟象注解，可知大概。以西人悉心剖割，詡為獨得之奇，而我國四千年前之經論，已概括無疑。然則，我國非醫學廢墜也，國家未設專科，而真能以醫學名家者之不多見也。今且以中醫學之宜加入教科者，為我大部一一陳之。

　　醫學為國權所繫也，西人醫學，乃國家首重其事，竭力提倡，精益求精，故對於衛生檢疫各方法，純以國權行之，總而言之，不過發明微菌學耳。微菌關於時疫之傳染，及花柳病肺病皮膚病之媒介，此雖中醫所缺，然苟地方創設醫校，有顯微鏡以資考證，自不難收割一整齊之效。若論時疫治法，則西疏而中密，麻疹天花痘赤痢肺炎咳溫熱病中之腸窒扶斯，用中法施治，效愈西法，可無論矣。即以最近之百斯篤論，自香港發生，蔓延數省，港中醫梁建樵與西醫同在醫院治療，收效實勝西醫。故至今中醫得在香港掛牌開業。據西醫學說，謂百人中癒者不過二十人，錫璜在廈門回春醫院訂方救治，多所全活。院董周殿薰、黃征庸以活血解毒湯，熬膏施送，服者十癒

七八。居今猶口碑載道。中西醫法，孰短孰長，無難立辨，此中醫之宜加入教科課程者，一也。

中醫為全國性命所關也。邇年以來，外國商務膨脹，海上權、關稅權，多為外人所包攬，然此不過吸收利益耳。今若中醫不加入教科，而全注重西法，勢必以四百兆民命，盡操縱於外人之手，稅權為所包攬，已足制中國人死命，若醫藥亦為所包攬，且並危及中國人生命，以中國生殖繁庶，即急起直追，就習慣之中醫法，切實講求，猶恐不敷所用，西醫正在試驗時代，信如學部章程，僅知注重西醫，是不特拋棄國權，且恐削足就履，以神明裔冑，供他人作試驗品，不大可哀之甚乎。此中醫之宜加入教科課程者，二也。

中國人之用中醫，為信用習慣所關也。中醫學經數千年之久，社會久已信從，如以為陳跡不合時用，何以今日華人之信中醫，猶勝西醫萬萬？況中西之血質不同，地方之水土各異，考《素問·異法方宜論》云：東方之域，治宜砭石，西方治宜毒藥，北方治宜焫灸，南方治宜微針，同在亞洲，按症論治，尚有不同之點，而謂一舶來品，遂可推行盡利，雖極譾陋智識，亦知為窒礙難行。矧據西醫論證藥物未能痊癒者，每云改換水土，則疾病之風土異治，昭然若揭，此按之信用習慣，中醫學之宜加入教科課程者，三也。

中醫藥之靈驗，為世界所公認也。西人用藥，每分毒藥、劇毒二種，即非毒藥，而化學品功用過大，用偶不中，

害亦隨之。我國昔時亦喜用毒藥，故周禮有毒治病，十去八九之文。自漢以下，醫學日有進步，試驗日精，往往能以輕藥癒重病，玩徐之才「輕可去實」之義，可知大概。清葉天士擅長此法，在江浙遂大著盛名。錫璜行醫近四十年，於此道亦頗有體驗，況考患病者十人，大約六、七人可輕藥而癒，一、二人宜慎重用藥方癒，間有一二難治，或不治者，雖用藥未必能癒，微論中西治法，大抵皆然。錫璜閱歷多年，又見有中醫不能治，請求西法者也。其醫院有一嘔吐症，用西藥最有力量之止吐藥，四十餘日不癒，後用小半夏湯立癒。盲腸炎，歐西概用切開術，而多危險，甚至頃刻喪命。野津猛男，學於德國，竟反對切刀術，先用戊己湯，後用桂枝加大黃湯，癒至數十人，每豔羨中醫，逾分嘆服，謂不用切刀術而可痊癒。錫璜對於此症，先用沒藥止痛，後用五香丸常服，不數日而告痊。其它雜症，經外國醫院辭不治者，再為治療，每每獲癒，廈門社會中，類能言之鑿鑿，明效大驗如此，以見古聖相傳之心法，至精至粹。此中醫學之宜加入教科課程者，四也。

　　診脈法足為全球之冠也。查西人診脈，每用脈波計法，所引以察病，僅曲線之高下，及指下所分之大小疾徐，得粗遺精，本不足道。讀德診脈法及東洋漢醫之丹波廉簡一書，其遠遜於我國脈書，詎可以道理計，不知診脈以神不以跡，其中曲折微妙之處，精於脈學者，自能別有會心。我國老

醫，遇有重病，輒能辨生死於毫芒，此道得也。考脈書者若李瀕湖《脈學》，張石頑《診宗三昧》，郭元峰《脈搏如》，大抵卓卓可傳，據以斷病，每每切中。若以我國脈學為本，而更輔以腹診聽診打診及察病各方法，必尤精實，此中醫學之宜加入教科課程者，五也。

藥物之試驗日精也。查西醫藥，每取劇烈之品，謂其功用頗大也。我國藥品，草木尤多。制方大法，大抵本天時氣候，及人身臟腑體質之偏勝逆從以立法，類能吻合切中，不可思議。蓋人身之病，除疫症梅淋炎腫外，大率由臟腑體質之有傷勝而起，以草木秉性之偏，治臟腑體氣之偏，巧思吻合，自然所投輒效。若西人則注重微菌，而以殺菌為治，其以顯微鏡檢查未悉者，則曰原因未明，不知病尚在氣，菌於何有，專事殺菌，歐氏內科學，且以為非善法，謂一病而或檢胃液，或驗血質，或抽肺水，或察腦漿，縱病菌明瞭，而其人已困頓不堪，況我國習西醫者，器具未必完全，則檢病動尤簡略，就令查得何菌，而用殺菌之藥，病仍愈發愈重。錫璜曾與習東洋醫之最有經驗者，共同臨症，見其所檢病菌，確有證據，意以為必能癒病，比服藥竟至苦況不堪。再用中法，乃以次痊可，則微菌學雖精，轉不如屢試屢驗者之確有把握，此就藥品經驗言。中醫學之宜加入教科課程者，六也。

外科之經驗宏富，足資博考也。查外科自剖割綁紮烙洗

消毒外，西醫多不及中法之精。我廈陳邦榮，昔以外科名，歐西萬醫生與之友，歎為絕技。過玉書在上海，凡外國病院調治不癒者，經其診治，雖危重多就痊。考西醫治腫病，或用草菊麥麩，煮熱蒸發，或用剖割，以泄膿血，收效恒多。然一遇疔毒，每每傷其生命。蓋我國治疔，最忌諱用火，即刺割亦多貽害。錫璜曾見一陳姓，於腦後彎角發毒，延外國醫至，用麥麩熨之面大腫，額上皮膚遂起泡，發熱神昏，一夜而死。廈商某額角生小瘡，請外國醫至，仍用熨法，漫腫發泡之形，令人望而生畏，越日遂亡。蓋面部忌熨，疔毒忌火。我國外科書言之最詳。其它若蜂窩發崩砂流注，西醫所視為困難者，照法施治，按日可療，其它種種經驗，不勝枚舉。此中醫學宜加入教科課程者，七也。

　　據此七端，皆錫璜等數十年閱歷經驗，方能確知真際。我國醫學名大家，其學問尤長，貫通中西者，所在恒有，即其間有抱尊中抑西之見者，有一習西醫，遂謂中醫數十年後，宜淘汰無餘者，先入為主，殊非正論。夫三教九流諸學說，入主出奴，尚抵排異己，何況醫學。錫璜自少習醫，恒薈萃中西學說，悉心體會，且時常與西醫討論，今臨症幾四十年矣。見夫中西醫法，互有短長，如傷寒溫病，用中法則取效較捷。西醫謂必須三、四週期方癒，此未及中醫也。牛痘能消天花毒，然一遇天花，則束手無策，坐以待斃，此未及中醫也。白喉至惡涎閉塞氣道，必須用切刀術，方能救死生於俄頃。若用中醫，

必至貽誤，此不及西醫也。然一遇喉潰喉蛾喉疔喉蝶，西醫仍束手無策，此不及中醫也。胃痛盲腸炎，西人用安腦，暫快一時，或用切刀術，諸多危險，而中醫能以藥癒之，此不及中醫也。臟積水肝瘤膽石，用中法則全然不效，且為識為何症，此不及西醫也。腎囊病西醫治法最精，然遇腸墜，則除剖割療治外，無完全治法，而中醫能以草藥癒之，此不及中醫也。產科學西醫手法靈敏，而中醫講理胎前產後各症，亦見精妙。跌打傷骨，甚者西醫鋸其骨，遂成廢人，而中醫綁紮敷藥，可使復元。總此數端，中醫學宜入教科，當無疑義。今者各省中學畢業日眾，專門之學，醫科亦其一也。宜由大部提倡，集全國有學問有經驗之大醫家，先以編輯講義為入手辦法。錫璜前曾寓書於浙江何廉臣，請其邀楊百城、張壽甫、張壽頤諸先生，共同討論，分門匯輯。書成，請大部審定，以作課本。其微菌學產科學繃帶電氣療法等，一概採用西法，自臻完善，際茲振興伊始，敢請鈞部令行各省，由地方官飭由醫會，切實推舉中西淹貫之人材，查其有著作者，諭令繳部察閱，並共同鏊訂醫學，分若干門，為編輯先行。呈部察核。其編輯人數，甄別覵列，設通訊處，俾得互相考證，舉凡衛生檢疫，與內科之對病療法及外科各靈敏手術，切實研求，其進步當未可限量。案關整理中醫計畫，於國權大有關係，謹就管見所及，陳請鈞部，統祈採擇施行，於醫學前途，不無裨益。此請　教育總長章

1927年

本年 《吳麟堂評注陳無擇〈三因方〉》由上海文瑞樓刊行，一函線裝八冊，書前有吳瑞甫自序一篇。據文瑞樓出版廣告：

> 宋淳熙陳言著《三因極一病例證方論》，分為十八卷，其說分為三因：一內因，一外因，一不內外因也。四庫全書稱為條理分明，方論簡要，為世推重，久乏刊行，醫學家往往以善價覓求而不易睹。閩中吳麟堂先生又以中東西學說，隨各門逐條評注，氣化形質，闡發入微，為醫門別開生面。又於古人不治症，補經驗方法，洵醫林精本也。莊覓得家藏抄本，用上等中國連史紙，精繕石印，有志中西醫學者，幸望先睹為快焉。裝訂八冊，訂價二元。

吳瑞甫校訂的兩部宋代醫書，在當時非常難得，經由這次校訂後，才有更多讀者獲睹此書，實為中醫界功德無量之事。此書收入臺灣「中國醫藥叢書」，有一九九一年台聯國風出版社據文瑞樓影印本。

1928年

本年 作〈同安縣志後序〉，全文如下：

　　古者外史掌四方之志。厥後陳壽作《三國志》，扶風又作《十志》，是即志書所自昉也。吾同志乘，自嘉慶三年後迄今無續修者。民國五年，省志局陳拾遺將修省通志。省議會以各縣志歷久未修，則省志無從產出。詢謀僉同，眾議允治。而吾同之設局採訪亦遂積極進行。顧年湮代遠，文獻無徵。兼之兵燹水災，藏書家諸多遺失。商量舊學，又寥落如晨星。邑之老成碩學，遂慮弗克負荷。錫以眾議交推，不得不搜羅盡致，勉為其難。凡四歷寒暑，而書始成。以地方多故，他務未遑，書成而中止。歲在丁，林君學增尹是邑，疊奉省政府催辦志書，兢兢然以未及印刷為憾。用特聘蘇君萬靈等，精心校閱，發書手謄錄，以付印刷。並托胡君炳章在上海負監印之任，而此書乃底於成。余惟志書以觀風俗、施政教也。古之太史采及捎軒，而後風俗有所設施，法禁有所從出。至今日而國體變更，中外大通，政治民風亦隨之改革，趨時者遂不免矯枉過正，並堯舜禹湯文武周孔之心傳，亦將弁髦等視。嗚呼！保存國粹之謂何？後顧茫茫隱憂滋

甚。竊謂物質文明之學，乃各國富強所基。大勢所趨，亦不得不變通以盡利。若堯舜禹湯文武周孔之聲教，正人心風俗所以維持於不敝，順之則治，逆之則亂。即先知先覺如孫中山亦云：「《大學》修齊治平等語，任東西洋哲學家都未見到。」其崇奉聖學為何如？近世言龐道雜，荒經侮聖，青衿佻達，時有所聞。試問捨聖學而外，將何以為標準乎？纂是書，務在通古今之變，的中外之宜。既不敢偏執成見，以頑固之譏。亦未便附和時風，致風俗人心有根本動搖之患。所列四十二門，大都準古酌今，以為先機之導，非鰓鰓焉徒詳一邑之文獻也。有抱移風易俗之願以行其政教者，尚無河漢斯言。

中華民國十七年十月總纂吳錫璜瑞甫氏謹識

1929年

本年 創辦廈門醫學傳習所。

本年 在《廈門醫學傳習所月刊》第一至四期連載〈藥物論〉。

1930年

本年 任廈門中央國醫支館館長,同時發起創辦廈門國醫專門學校,自任校長,大力培養中醫人才。吳瑞甫自編講義《傷寒綱要講義》、《診斷學講義》、《衛生學講義》、《四時感症》、《中醫生理學》、《中醫病理學》、《傳染雜病學》等,此外還主編《廈門醫藥月刊》、《國醫旬刊》等醫學雜誌。

1931年

本年　為許祿銘《石床題詠》作序。

1934年

本年 《嘯風月刊》第五十六期刊嵩廬文章〈讀同安志〉，文章說：「《新同安志》出版後未久，即有人指其謬點，據編者所知，四年前廈門《思明報》及《民鐘報》上所刊薛澄清等評文，是明證也。當時編者亦曾加入討論，於該志體裁深致不滿，今嵩廬先生此文，對於該志史實，更多糾正。」如卷三十人物錄孫全謀、張保仔、伊秉綬等人有所辯證。

7月 《國醫旬刊》創刊，吳瑞甫任編輯主任，編輯梁長榮、陳筱騰、林孝德。廈門特別市市長林國庚祝詞「醫學津梁」，廈門圖書館余超祝詞「國醫復振」。本期刊出吳瑞甫發刊詞及〈考正歷代醫學家之名稱〉、〈內科學講義·緒言〉二文。

本年 《國醫旬刊》第一卷第二期刊吳瑞甫〈敬告我廈各醫藥界〉。曾大方祝詞：「醫學之光」，鄭永祥祝詞：「光前啟後」，中華海員特別黨部廈門區黨總祥詞：「闡揚國醫學術」。本期刊有〈吳瑞甫醫例〉：「門診一元，出診四元。路遠遞加，拔號加倍。改方六角，丸方四元。通函論症四元，家事清淡不論。」

本年 《國醫旬刊》第一卷第三期刊吳瑞甫〈論中西醫宜互相參究不宜作無益之爭論〉。廈門無線電工程學校祝詞：「國醫精華」，思明縣碼頭業職業工會祝詞：「醫學先導」。

本年 《國醫旬刊》第一卷第五期刊吳瑞甫〈論考醫〉。另有〈答石癡君〉：「曩閱《神州月報》，以保君壽相一語，嘵嘵致辨，僕固喜人攻訐者，蓋攻訐則我得聞過，而真理愈出，是吾師也，特別歡迎。所惜石癡君，未識君子之其義耳。考《爾雅》，自皇王以至府尹，皆君也。君字所包其廣，易家人有嚴君焉，父母之謂也。依字義皆謂之相耳。石癡君，君謂保君壽相，只好隨溥儀大賣神通，毋乃所見太小乎。至謂國醫係與西醫對待之名詞，此猶知其一，未知其二。為問西醫，曾有未畢業，而可謂之醫乎？僕之擬議及此，乃遵國家法令，猶孔子所云今用之，吾從周之意也。未知石癡君以為然否。」

本年 《國醫旬刊》第一卷第六期刊吳瑞甫〈四時感症緒言〉。

本年 《國醫旬刊》第一卷第七期刊吳瑞甫〈再論考醫〉。

本年 《國醫旬刊》第一卷第八期刊吳瑞甫〈論天花痘不宜求診於洋醫〉。

本年 《國醫旬刊》第一卷第九期刊吳瑞甫〈論二陽三陰確的實驗並非玄虛之學說〉。

本年 《國醫旬刊》第一卷第十二期刊吳瑞甫〈疹痲專科緒言〉。

本年 為晉江〈吳母李太夫人訃告〉題「吳母李太夫人遺照」：

猗歟吳母，四德兼全，相夫成業，教子能賢，
修橋興學，銷耀女揃，金昆玉友，繞膝嬋聯，

膝螽競頌,周武齊年,韓宋而後,孰與比肩。

宗愚弟錫拜題

1935年

本年 《國醫旬刊》第二卷第一期刊吳瑞甫〈擬設廈門醫學圖書館以昌明醫術利益人群〉，全文如下：

醫學一道，難言之矣。除常法而外，其餘一切難治之疾，大率非旁搜博考不為功。顧今之醫者，因陋就簡，稍讀歌括，輒詡詡然自命為醫，問以傷寒之如何傳變，不識也；問以溫熱暑濕之病因如何，初中末法之手腕如何，不識也。甚且不諳文義，不曉藥物之性味如何，功用如何，但記數十品之藥名，便公然臨症，以人命為嘗試。嗚呼！以此為醫，無怪國醫之信用破產，一落千丈也。雖然，物極必反，剝極必復，前此醫學，政府聽習醫者之自生自滅，毫不加以試驗，以至腐敗至於今日。加以東西醫之講求，日新月異，且以各國政府之實力為提倡建設學校病院以資實驗，是以蒸蒸日上。以視我國之涉獵方書，便自命為醫者，實不無相形見絀之處，因愧生發，即無政府之設施，我醫學家尤當竭力以整理，俾炎黃學術，得大放光明於世界，此醫者之天職也。今者中央國醫館業經設立矣，整理國醫之規則，立法院亦經通過矣。醫專之學校，且以次催辦矣。顧各處教材甚難，且

值民窮財盡之秋，籌款創設，亦非易易。凡我醫界，正宜苦心焦思，推賢讓能，勉盡天職，以探討國醫之實際，表章國醫之學術，除目不識丁，或文義不順，及醫學無常識，應為淘汰之列者，固不必論；至於學問優長，經驗宏富者，正宜一德一心，相助為理。遴選地方之優秀人才，切實傳授，俾學成可為世用，則今日之急務也。顧我國醫術，自炎黃以降，則周秦漢魏，學說最精，近人於溫熱雜病，尤多所發明，屆今醫專創設國醫館，考訂學術，吾人又有參加之機會，第講求此道者，非博通眾書，必難以廣開風氣，精進學識，則醫學圖書館之籌設，在今日尤為切要之圖，何者？一般莘莘學子，或囿有見聞無從考證，或限於經濟無力購書，加以專校凡中大學畢業者，均得入此講習，以近世中東西醫學有志之士，正在極力發明，審時度勢，尤宜博通中外，集合眾長，俾固有醫術，得發揮而光大之，方足以應社會之需求。且學成以後，對於軍醫及海上檢疫權，暨地方防疫種種善舉，與夫後日之醫校應如何精進，尤非博通中外不為功。是則醫學圖書館之創設，為培植完全科之人才而設，為醫學家廣開風氣，令知世界之變遷而設，為後進之優秀人才，既通曉國醫術之粹美，且得以東西各國較短係長，以共臻於完善之域而設，則後顧無窮，振興有日，此則本支館籌建國醫圖書館所應負之責任也。

同期刊吳瑞甫〈所望于廈門官紳商學〉，全文如下：

　　醫非小道也，非通乎天地之故，性命之微，萬不足以當此重任。以我國論，軒岐時代，以君相而提倡醫術，周公制禮，設官以專理其事，唐之六典，宋之局方，亦君若相所創設以惠民者也。自宋儒以醫為小道，與農卜並稱，致明清以來，國家不重其事，不思卜以決疑。古者事關軍國恆賴之，關於易理，豈小道哉！若農則為天下大利所歸，讀月令一篇登穀登麥，省耕省斂，其關於勞農之典，靡不備至，至醫而與農卜並稱，亦可見其為生人日用之所必需，以一身繫天下之安危，一旦身罹疾病，脫非有醫者為之拯救，天下大局，或至有不可問者，醫係於國家之重要如此，故近東西各國，莫不以國力為提倡，蓋謂強種即所以強國也。國府諸公，審時度勢，知昌明醫學，亦為國家之要政。用特設國醫館，以專理其事。我廈去年支館專校，亦經奉政府命令，次第設立，草創之初，諸凡未備，幸董事長黃世銘先生籌畫補助，主得以次第設施。近更有設立醫學圖書館，及建築醫校院之議，顧我廈舊有竹仔河回春醫院一所，乃邑之慈善家洪騰凱等，及中醫學會諸人，所苦心經營而設立者，本係私人物業，煌煌契據，管理經五十年之久，曩者路政處周醒南，利令智昏，任意奪賣，欲賣與華人，華人不敢承接，乃賣與英國籍民許文才，經中醫公會登報聲明，而周醒南置若罔

聞，又經提出上訴，至今尚未能解決。當時呈中亦均聲明該院將改為國醫學社，而周醒南均置之不理，膽大妄為，惟利是視，誠不解民國官吏而有此怪現象也。今者國府之注重醫學，已實事求是矣。催辦各省縣之設立專校，亦將次第舉行矣。廈門為閩之精華所處，通商巨鎮，尤為外人之觀瞻所繫，邑之官紳商學，宜何如合力相襄助整理以為各縣倡，況近歲以來，人口日多，顛連困苦，時有所聞。國醫會有慈善性質，與西醫之專務營業者不同，則整理尤不容緩。乃者董事長對於建築醫校醫院及圖書館，已有竭力募捐之議，所最抱憾者，回春固有之醫院，被其毀折，而且變賣，本醫專同人，曾索全圖以觀，公地已被前路政處變賣殆盡，所存者僅公園中一二曠地，以之設立醫校，良為適合，就公地謀公益，計無有善於此者。否則，有地而不設施，與廢地等，且與人民有何裨益？竊願為我廈之官紳商學，借箸籌之。

本年 《國醫旬刊》第二卷第五期刊吳瑞甫〈論振興醫學之困難〉。

本年 《國醫旬刊》第二卷第六期刊吳瑞甫〈論今日醫藥界宜多閱醫報以開通風氣議〉，全文如下：

時至今日，科學繁興，士農工商之事業，遂不得不大加改革，乃創設之時代，非蹈常習故之時代也，以格學日精，

物產日富,遂致世界日趨於爭競,矜奇炫異,凡可以壟斷營私,網羅利益者,靡所不用其極,機器學興,而曰農曰商,都可以制伏人之死命,水有鐵甲船、潛水艇,陸有坦克車、唐克車,空中戰有飛行機、煙霧彈、硫磺彈、毒菌彈種種,凡諸利器,愈出愈奇,都可以制敵人之死命,侵略野心,有加無已,居今而萬國經濟,異常恐慌,失業者動以萬計,此無他,機器奪人工,則購買力竭,積極備戰,則稅務繁苛,而生產力竭,倘我國人能早自覺悟,不用洋貨,合上下整理農工商要務庶商業得以振興,而國家之利源口括,以修內政,以固國防,誠目前之急務也。政府諸公有見及此,勵精圖治,積極進行,航空軍政、救濟農村諸要務,百般俱舉,所惜農工商業僅具雛形,而醫為應用科學,自漢至今,歷代發明,幾於無所不備,所少者剖割學耳,乃亦欲舍己從人,以重大性命,操縱於外人之手,誠所不解。乃者執政諸先生,已竭力提倡設國醫館於首都,各省縣設分支館及學校,亦經次第舉行矣。凡我醫藥界之有學識有經驗者,亦均能出其所學,以其崇論閎議,闡發軒岐張孫之蘊奧,以誘掖後進,即藥物學亦有新理解之發明,是從事於醫藥學者,宜何如廣閱醫報,以增廣醫藥之學問,獨惜我廈醫藥界,竟置若罔聞,並不以優勝劣敗為慮,豈甘受天演之淘汰耶?抑或為財力所限,未能廣購醫報耶?本旬刊訂閱者,大有一日千里之勢,全國醫報,均有交換,本年擬擇尤刊載,以餉饋於閱

報諸君，願我醫藥界注意及之。

同期刊〈中委陳立夫先生題詞〉如下：「知己知彼，始足以言勝人，醫學亦然，故中醫宜研究西醫之學，再以科學方法，整理中國醫藥，則他人之長，我無不具備。我之所長，人不能及。然後中國醫藥之學，可為世界冠。余深信我國數千年所積之經驗學問，定可予吾人以創造之機會也。題奉《國醫旬刊》。」

本年　《國醫旬刊》第二卷第七期刊吳瑞甫〈診斷學緒言〉。

本年　《國醫旬刊》第二卷第九期刊陳果夫題詞：「中國醫藥必須科學化」。

本年　《國醫旬刊》第二卷第十期刊史悠經〈吳瑞甫先生六秩晉四壽慶徵文啟〉，全文如下：

吳錫璜先生，字瑞甫，號黼堂，籍同安縣，先世皆以儒醫稱世家焉，傳至先生。十四歲時，即精研歷代醫籍，參匯東西學說，博稽考證，不遺餘力。歲甲午，邑侯鐘德門病疾飲八載，喘促不能臥，耳先生名，延聘施治，先生為之處方，十六日而久病痊癒，訪知先生世代均粹於醫，特獎七世名醫匾額，由是醫名大噪。當先生弱冠時，以縣試第一名捷黌門，越年食餼，未幾復宴鹿鳴，伯兄錫圭，功兄鴻樞，均先先生舉於鄉，伯見麟書，胞弟錫琮，均游泮水，合邑稱盛，而先生益自謙抑沖虛，肆力於文章學術，其兼管雙溪書院，增廣月

課,文風丕振。清末籌款建築學校,增添學舍,莘莘學子得以廣廈咸依,先生之力也。時政府正舉行新政,先生同乃兄煌樞辦理地方自治傳習所,誘掖後學,一門桃李,遍栽閩南,朝旨飭同安縣簡,促先生赴桂省候補,以知縣任用,目睹清政不綱,遂淡於仕進,力卻之,以儒者不為良相,當為良醫,於是挈眷遷廈門,深以濟物利人,莫出於醫一端,益致力於中西醫學原理,探本窮源,合一爐而冶之。以爾來中風病日多,中醫謂之中風,西醫則謂腦出血,抑何相岐之甚,先生取熊叔陵〈中風論〉原本正之,深謂中醫所謂中風,言其病象也,西醫所謂腦出血,言其受病處也,引據景嶽全書,治風先理血,血行風自滅,擷中西學說,以會其通,舉凡臟腑功用,腦病源流,闡發入微,足為後學津梁,生平注醫籍,著作等身,精研西醫學說,多所折衷,即中醫學說經先生從實驗推勘精微,靡不簇簇生新,視漢唐以下舊著醫書,模糊影響揣測者,何啻天壤,著《中西脈學講義》、《溫熱串解》、《刪補中風論》、《評注陳無因三因方》,又刪正《續名醫類案》,多所評騭。上海文瑞樓主人,聘先生校勘《聖濟總錄》,刊印行世,先生既擅岐黃,尤長史學,總纂《同安縣志》,體例雖本於省志,而嚴謹則過之,鄭成功開府思明,有明忠義之士悉歸之,據金廈兩島,以抗清師,同邑人物最盛,而皆明之舊臣,舊志以關於鼎革,記載從略,新志目三十七門,弗計及此,先生獨搜羅盡致,以發潛德幽光,而悉以思明州人物錄繫之,夫鄭氏以復

明號召天下，始終本明正朔，繫以思明者，即春秋公在乾侯之例，亦即紫陽綱目尊蜀漢為正統之遺思，雖志書與正史有別，而體例斟酌完善，自非長於史學者不能。至於列傳，弗為沿訛襲謬，獨從漢趙岐《三輔錄》之例，邑令林學增稱其最為卓見，蓋國體既變更，則志書體例亦當隨之而變易，列傳以別於本紀，既帝王本紀，安有所謂列傳，本此以記載人物，庶幾準古酌今，有所矜式。又慨中國醫藥興替，關係國家盛衰，民生裕困，民國十四五年間創疫廈埠醫學公會傳習所，編輯講義，多所發明。民國二十年中央國醫館成立，各省市縣設立分支館，群推先生長思明國醫支館，旋奉中央命令，創設廈門國醫專門學校，培植醫藥人才，躬自編纂各科講義，坐擁皋比，講授要旨，焚膏繼晷，兀兀窮年，各州縣人士之有醫學常識者，多跋山涉水，均以得從先生游為幸，凡此皆先生立言之卓卓彰著者。本年夏曆四月一日為先生攬揆良辰，年符卦數，而氣體象乾，天行永健，爰擬華封三祝，邀哲嗣樹萱、樹潭諧謀為祝嘏，先生則謂當此國勢阽危，何得為此無謂之舉，堅辭不肯，不許設禮堂，然同人等心難釋然，遂擅為議定，屏除虛華靡費，藉文字因緣以祝金剛不壞，敬祈海內外當代文豪，錫以詩文詞等，作為頌禱，匯成一冊，仍將成冊刊印寄贈，當亦諸君子所贊許也。謹啟。

　　陳培錕、柯榮試、洪鴻儒、余煥章、黃慶元、黃慶康、楊廷樞、楊遂、李禧、韓福海、李伯端、余少文、周幼梅、

陳桂琛、柯徵庸、陳頤堂、謝銘山、郭大川、杜保祺、郭有家、陳清渠、洪鬻鵰、廖海屏、吳蘊甫、吳克明、鄭鶴亭、吳德三、林孝德、陳筱騰。受業林錫熙、余小梅、陳影鶴、廖碧溪、林秋瑤、郭斐成、黃淑順、黃爾昌、陳佩瑤、李禮臣、張子貞、黃奕昌、吳慶福、劉義尊、李在寬、孫博學、楊太齡、黃瑤卿、許廷慈、史悠經、林穗貞、成龍、許國粹、潘翀鶴、傅賡聲、汪應龍、施玉燕、林學琛、李進寶、翁清吉、劉騰蛟、曾繡華、張志民、陳清溪、蔡奕川、陳昶方、蔡仲默、翁逎恭、葉浩然、王篤梅、朱清祿、林玉琨、魏慶明、洪文富、吳倉慶、鄭輝經、吳鎖廉、劉俊英、林南源、林南清、楊秀欽、郭天南、林康年、黃逸鶴、盧樹根、陳德深、劉筱明、洪文壬、吳序斗仝啟。

惠賜詩文詞佳作請寄：廈門廈禾路廈門國醫專門學校收（箋紙函索即寄）

〈瑞甫先生六四壽慶〉

奇方肘後著手生春，門盈桃李壽世壽身。

人物有志推陳出新，甲籙倫年永祝大椿。

居正拜祝

〈瑞甫先生六秩晉四志慶〉

星官有天醫，儒林有經師。

經師精醫理，良相功同奇。
科名如拾芥，鹿革早譜詩。
富貴如敝屣，驥足不受羈。
具得馬鄭識，鄉土志所遺。
傳遍扁和術，桃李花滿枝。
吾願東山壽，常作霖雨施。

蔣鼎文

〈瑞甫先生六十晉四榮慶〉
延陵弈葉播芳馨，美蔭長垂種德亭。
鄉賦題名翹雋選，鷟宮造士發新硎。
引年喜叫先天易，扣齒閒參內景經。
邑乘手編堪壽世，淵懷看取券修齡。

陳紹寬

〈瑞甫先生六秩晉四大壽〉
醫術文章兩擅長，先生春抱世爭傳。
從游門下皆名士，定有新詩祝未央。
良辰攬揆啟初筵，正值清和四月天。
笑向梟比來鞠躬，羨公身是地行仙。

陳肇英

〈瑞甫先生六秩晉四大慶〉

室衍豐饒，家道篤厚。

積善有徵，得以長久。

麟子鳳雛，聽韶行觴。

春陽和煦，曰壽無窮。

陳立夫

〈瑞甫先生六旬晉四大慶〉

喜逢佳節慶天祺，摩勒銅盤亥字題。

丹筆新編彰義烈，青台妙術匯中西。

樹栽桃李春風遍，地近蓬萊瑞色齊。

壽世壽人還自壽，懸弧朗月照雙溪。

朱文中

〈瑞甫先生六秩晉四壽辰〉

惟仁者能享喬松之壽。

彭養光題

〈瑞甫先生六十有四大壽〉

午夜醫星射斗樞，眷轎鞠弆舞衣紆。

雙胎手輯蘭台範，道子毫揮橘井圖。

小草家江成械楔，長桑神水勝醍醐。

父書能讀看兒輩，悅耳清音起鳳雛。

　　　　　　　　　　福建省國醫分館全體敬禮

〈瑞甫先生館長六十晉四壽慶〉
良相功猶匹大夫，風塵未易遘俞柎。
寧馨鼎峙三株樹，初度籌添八卦圖。
都下近聞談季子，海濱今復見淳于。
鴛門鱣序多桃李，吾道從茲喜不孤。

　　　　　　　　　　　　　　劉通

〈瑞甫先生館長六十有四大壽〉
延陵家世有傳經，肘後真方善解鈴。
南極星臨頭未白，上池水洗眼常青。
海隅紙為成書貴，門外車多問字亭。
舞彩文郎皆卓犖，齊顏一笑看趨庭。

　　　　　　　　　　　　　　陳天尺

〈瑞甫先生六秩晉四壽慶〉
荀陸未相識，握管究平生。
展頌登文啟，賢書共成名。
清時多喪亂，君以岐黃鳴。
抗志為良醫，抉奧詔群英。

文獻存金廈，忠義崇延平。

娛情山與水，敲屐簮與纓。

君今六十四，我亦白髮盈。

中原數耆舊，惆悵不勝情。

艾作屏

〈瑞甫先生六秩晉四壽〉

衰世群輕學，好學必逸才。

況復傳世澤，甘心隱草萊。

利濟功既安，著述力更恢。

知己淡仕進，興教儲人才。

讀史觀前代，纂志貽後來。

鄉邦物望歸，名流咸爾推。

愧非大手筆，願事黃金台。

老當日益壯，祝君晉數懷。

黃元秀

〈壽吳瑞甫先生〉（調寄採桑子）

良醫自古如良相，七世名垂，學貫中西，天惠斯民一老遺。

名篇不朽思明錄，桃李依依，翠葉披離，想見梟比擁坐時。

南普陀桑門常惺

〈繡堂道長六十晉四〉

吾道先進，才侔岐黃。

新舊兼擅，實綜厥長。

既著醫籍，津梁後學。

復創專校，國粹發煌。

婆心仁術，何遜扁倉。

碩德耆年，永壽而康。

釋右文

本年 《國醫旬刊》第二卷第十一期刊黃瀚〈吳繡堂先生六十晉四雙壽序〉，全文如下：

傳曰：仁者壽。仁何物乎？仁之一字，古今詮釋詁解，無慮千萬言，而惟惻隱之心，一言最摯。夫仁必盡壽哉，而壽之理寓焉。稱仁既莫如惻隱之心，而惻隱之具於其心，加厚於其人人。且被及人人者，又莫如操方術之醫士，醫術之精與不精，心之虛與不虛，然莫不以起沉痾，生死人為職志。目所接，顛連羸頓之形，耳所聞，呻吟慘楚之聲，悲憫之念，時時往來方寸中，於是惻隱之心，日以加厚，是其人也。仁之厚，壽之理，有不寓焉乎哉。吾友吳繡堂先生，世儒世醫之家，逮其兄若弟，蟬聯游泮水，登乙科，亦莫不湛深醫學，先生更於舞勺之餘，即潛心於是。聰敏之才，可兼

數輩，辭賦文章，下筆娓亾，動數千言，人謂先生儒而醫，無甯謂先生志於醫，力於醫，辭賦文章，其餘緒也。故著述表表者，若校勘《聖濟總錄》二百卷，《評注陳無擇三因方》一十六卷，《中西溫熱串解》八卷，刪補熊叔陵《中風論》，刪正《名醫類案》諸編，於東西學多所發折衷，洵醫林精粹，久已刊行壽世矣。至總纂《同安縣志》，都四十二卷，發凡起例，卓有特見。世道更張，益淡仕進，而於建校造士，地方自治傳習等事，又力任不逮。憶廈島未更邑，思明屬同安縣之嘉禾里，清光緒庚寅科試，島學使取入學宮弟子員三十二人，余忝與是選，先生年未弱冠，冠其曹，踰年食餼，癸卯領鄉薦，然從事醫至今，仍無時或息，日則奔波顛連羸頓呻吟側楚間，為之針砭，為之調燮，夜則講授國醫專門學校，出其心得，以灌輸後學，推其惻隱之心，納諸百十門弟子之懷，百十門弟子又廣先生惻隱之心，自加厚於其人人，且被及千數十百之人人，馴是而薪爐火傳，其仁故不大乎！其得壽之理，不益信哉！推是理也，先生今逾耆碩，而耋而耄，而期頤，可操券待，為漢李充也可，為商籛鏗亦無不可，但亦不過年齒之壽耳，其傳諸書，垂諸後，足以灌輸數十百世後學，納此惻隱之心，於數十世私淑弟子之懷者，精神之壽，乃莫知紀極矣。閱讀《曲禮》，醫不三世，不服其藥，解者多以父子祖孫相承三世為言，或則以為必通《神農本草》、《黃帝內經》暨《針灸脈訣書》等三世

書,先生之門,鍾邑侯德門,榜以七世名醫矣,後參究中西會通貫串,抑奚翅三世相承、通三世書已哉。周方伯蓮恒語人:吳黼堂,今之扁鵲,蓋任興泉永道時,曾目睹楊提督岐診事。提督出巡洋期,夫人病亟,延先生診治,決起,旬日療,轉力戒出巡,猶之生號太子而告齊桓侯也。提督茲不悅,行抵省垣,果病歿。先生世居同安縣城,寓滬寓廈,罕寧家,嫂夫人儉勤持門戶,無內顧尤。今年首夏朔,先生攬揆良辰,哲嗣樹萱、樹潭、樹諸等謀所以脊輔鞠耄者,先生卻之,及門弟子謀所以獻漿而酹爵者,先生又卻之,乃欲以文壽先生,而請於余,予不文,顧念向者同入學宮三十二人,曾幾何時,凋零殆盡,島中獨余與先生兩人在,余瓠落一無所長,不足以頌揚先生,亦欲藉申區區積愫,用弗克辭,操斧班門,不值先生一笑也。

愚弟黃瀚頓首拜撰

愚弟莊序易頓首拜書

愚弟陳培錕　洪鴻儒　黃慶元　黃慶庸　余煥章　余超　周幼梅　陳美和　柯徵庸　吳蘊甫　吳德三　吳克明　鄭鶴亭　謝銘山　鄭大川　受業林錫熙　余小梅　陳影鶴　林秋瑞　廖碧谿　郭斐成　陳佩瑤　黃淑順　黃爾昌　李禮臣　許廷慈　楊太齡　李在寬　吳慶福　張子貞　黃奕昌　劉義尊　孫博學　黃瑤卿　史悠經　李進寶　施玉燕　傅賡聲　許國粹　林穗　黃成龍　潘卹鶴　汪應龍　林學琛　翁清吉

翁迺恭　陳昶方　陳清溪　曾秀華　劉騰蛟　張志民　蔡奕川　蔡仲默　葉浩然　吳鍾廉　吳滄慶　魏慶清　林玉昆　洪文富　鄭耀經　劉俊英　劉筱明　陳德深　黃逸鶴　郭天南　林甫清　林南源　楊秀欽　林康年　盧樹根　朱祿清　吳序斗　王筠梅　洪文壬。　仝拜祝　歲在旃蒙大淵獻餘月朔

〈瑞甫先生六秩晉四榮慶〉

祝擬華封，耆英盛會。

年符易象，碩德長春。

于右任

〈瑞甫先生六秩晉四壽辰〉

學得養生主，斯能享大年。

靈樞探秘奧，金匱發真詮。

濟世同良相，思明景昔賢。

南山欣獻頌，遙祝九如篇。

居正

〈瑞甫先生六秩晉四榮慶〉

春駐蓬萊，籌添海屋。

門盈桃李，望重鄉閭。

孔祥熙

〈黼堂先生六十晉四誕慶〉
修真鷺嶼有高賢，金匱奇方七葉傳。
早向廣寒標姓字，卻來陸地作神仙。
茅君家學淵源遠，葛氏門積桃李妍。
恰值行年符卦數，自強不息祝延年。

　　　　　　　　　　　　　　　王用賓

〈瑞甫先生六秩晉四榮慶〉
德盛文縟。

　　　　　　　　　　　　　　　焦易堂

〈瑞甫先生七旬開慶〉
術擅岐黃，壽綿七秩。
輝騰斑彩，壽祝三多。

　　　　　　　　　　　　　　　程時奎

〈瑞甫先生六秩晉四大慶〉
八八羲圖卦象新，華堂祝嘏倍精神。
岐黃濟世原非易，福慧如公自有真。
論史情能推義烈，回生術亦擅茲仁。
於今鷺島成仙島，胞與為懷處處春。

　　　　　　　　　　　　　　　童杭時

〈瑞甫先生六旬晉四榮慶〉

海屋籌添福履充，六旬晉四日方中。
利人利物功勳普，良相良醫事業同。
著作等身推積學，李桃滿院沐春風。
康強純嘏由天錫，吉語常伴郭令公。

潘公展

〈瑞甫先生六旬晉四大慶〉

優遊季重老南皮，文采風流又識時。
班馬長才推柱下，長廬績學擁槀比。
鸞門眷屬添佳日，鹿野科名薄舊時。
節是清和年大蘆，三株齊與頌頤期。

李世甲

〈瑞甫先生六秩晉四榮慶〉

文章早歲動名場，講學又溪道益光。
恬靜已辭求仕路，慈祥獨著活人方。
及門桃李看承蔭，繞砌蘭苔羨挺芳。
正值清和時節好，滿堂花翰與稱觴。

林國賡

〈瑞甫先生六秩晉四大壽〉
杖鄉無計客南州，湖海文章壯少遊。
彭澤功名輕百里，史魚直筆信千秋。
霧深紅杏歸何晚，燈暈青囊讀未休。
莫問良醫與良相，還他名士舊風流。

劉光謙

〈瑞甫先生六秩晉四大慶〉
抱負平生喜自期，不為良相便良醫。
稀年已近身猶健，史學專長譽早馳。
桃李閩南誇後秀，文章海內拜師資。
尊罍設悅喧初夏，話到吳公有所思。

沈覬康

〈瑞甫先生六旬晉四榮慶〉
壽比南山。

周敬瑜

〈瑞甫先生六秩晉四弧慶〉
節屆天祺啟壽筵，萬家崇拜活神仙。
醫通中外超盧扁，識貫古今勝固邊。
舞彩瑤階皆俊秀，稱觴絳帳盡英賢。

遐齡恰喜符周卦，為進岡陵頌一篇。

于超

本年 秋季，香港中華醫學會出版《國醫雜誌》第二十期刊出何佩瑜〈瑞甫先生六秩晉四榮壽紀盛詩〉六首及其它祝壽詩文，全部如下：

其一
羨公七世是良醫，利濟功深實可師。
作善降祥天必佑，知君上壽享期頤。

其二
泮水方游宴鹿鳴，堪誇難弟與難兄。
一門俊秀書香盛，閭里爭看衣錦榮。

其三
公曾興學董雙溪，丕變文風賴耳提。
廣育英才添學舍，芳名泐石永留題。

其四
史學由來有特長，搜羅潛德發幽光。
詳修邑乘捐訛謬，嚴謹原堪繼紫陽。

其五
新舊醫潮積習深,公能知古復知今。
學無國界何須別,融貫中西費苦心。

其六
醫藥興衰繫國家,年來不振總堪嗟。
賴公創設專門校,續絕存亡信可嘉。

蘇玉昆二首:

其一
一門鼎盛續書香,難弟難兄萃一堂。
共羨簪纓綿世澤,應知華國有文章。
雙溪興學留殊績,邑乘修編見特長。
壽域宏開充喜氣,此公矍鑠杖於鄉。

其二
名醫七世有真傳,家學由來若廣淵。
溫故知新求博識,涵今茹古費窮研。
專門創設英才育,講座親登偉論宣。
志切壽人兼壽世,祝君眉壽廣如川。

李燧初二首：

其一
真儒抱道器珍藏，良相良醫志不忘。
砥行既推崇孔孟，立言尤闡發岐黃。
桂蘭滿砌承歡慶，桃李盈門得意揚。
太璞能完為士貴，形神全也壽而康。

其二
八八春秋既杖鄉，八閩毓秀集華堂。
八仙道證蟠桃熟，八世真傳翰墨香。
八卦三連乾運健，八方多頌國醫良。
八音齊奏萊衣舞，八韻新成祝壽長。

〈瑞甫先生六秩晉四榮壽賦此補祝〉，梁朝浦詩一首如下：

知公道德與文章，學術由來多發揚。
醫國醫人功最鉅，壽民壽世實堪彰。
敬聞大慶虔申頌，但願康寧歷久長。
桃李滿門成蔭日，先生能不喜洋洋。

梁家維一首：

> 素仰才華射斗牛，宏深著述義良周。
> 群英賴育功勞重，秉性仁慈意態悠。
> 燦爛鄉雲垂玉島，融和瑞草滿瀛洲。
> 精神體魂兼康盛，上壽期頤可與儔。

本年 《國醫旬刊》第二卷第十一期刊〈前醫學傳習所所長吳瑞甫啟事〉，全文如下：

> 逕啟者：廈門醫學傳習所，由董事周殿薰、洪鴻儒等創辦於民國七年，均擬訂章程，呈由汪道伊、史廳長、姚縣長呈省批准立案。當時由翁純玉、周少雲、蔡惟中等主任講員。鄙人並不干預其事。經已傳習多年，以地方多故中止後，由紳士洪鴻儒、周殿薰等再籌畫款項，賡續進行，仍由醫學公會開會修改章程，會同董事會僉議，公推鄙人為所長，仍具呈楊前廳長存案，迨後畢業並具名籍，送楊廳長呈請備案。乃近有含沙射影之徒，藉稱派別，故造四個月畢業蜚語，《江聲報》、《鷺聲報》均有登載，似此毫無價值之言，而亦登諸報端，殊不可解，業經備函，由《江聲報》更正，誠恐淆亂各界聽聞，謹再具啟，以免為其所惑。

本年　《鷺聲醫藥雜誌》第二卷第二期（第六號）刊〈再與國醫專門學校校長吳瑞甫先生書〉，全文如下：

吳校長台鑒：前書諒已瀏覽，先生胡弗自作答，而使貴校所謂學生會也者，賣弄聰明，答非所問耶？當時何人與先生面約交換講義，言猶在耳，先生豈忘之耶？抑事未經貴學生「前聞」，先生未敢有所「大違眾意」耶？此同人所不解也。若云敝所每月僅四日講解，貴校每月有二十四夜教授，便不值得交換，似乎太不合理，因敝所每月有六十頁精印講義，未必少於每夜一紙油印講義。且敝所實事求是，固未敢張大其詞，而自稱為專門學校也。持此為不交換講義之理由，殊難自圓其說。貴校學生大多數為「大中學校畢業」，此等語只好執村夫而告之，或使色駭舌橋，若敝所同人，即不敏，實不敢有所動於中。請貴校學生會，以後不必一再提起。先生欲振興閩南醫學，無任欽仰，敝所近水樓臺，獲益當較漳泉各縣為先，惟願於各縣所貼招生佈告，須明書專門「夜校」學校字樣，庶免遠道學生誤會，徒勞跋涉，亦以見先生之誠實不欺。貴校以講義漏泄，罰銀五元，此蓋出於與貴校有關係人之口，是否確實，先生撫心自問可也。同人胸次，固甚坦白，不敢隱諱，幸勿為罪！至以前書為「任意誣衊，殊多不合」則同人尤不敢承認。因前書實情真詞懇，毫無傲慢也。此後若有所賜教，請先生親自執筆，莫再令貴校

學生僭越。因彼等少年氣盛，常言之過激也，書不盡意，伏惟為國醫學術自珍。國醫研究所啟

本年 《鷺聲醫藥雜誌》特刊號刊出蘇隨駛〈與吳瑞甫先生論緩脈〉，李達道〈讀〈刪補中風論〉質疑〉，陳玉仁〈求教於吳瑞甫老先生者〉，胡為雨〈證吳瑞甫〈溫熱串解謬誤〉之一斑〉。

本年 蘇州出版的《壽世醫報》第一卷第五期刊常熟《國醫雜誌》總主編趙子剛題祝〈祝吳瑞甫先生六四榮慶〉，全詩如下：

瑞甫先生六四筵開，籌添海屋，抱濟世立說之才，瞻南極星輝之彩，子剛不才，聊進數言，以祝長庚之頌。

蓬島煙雨闐苑春，九重箋奏附金函。
銅盤酒在丹砂煉，南極星聯作壽杯。
紫毫粉壁題仙籍，玉樹階前五色芝。

本年 《壽世醫報》第一卷第六期刊出武進錢今揚賀詩〈祝廈門吳瑞甫先生六秩晉四榮慶〉，全詩如下：

天生閩嶠一仙翁，卦數年符氣體雄。
桃李盈門稱化雨，岐黃累代播仁風。
名山史筆精忠著，瀛海遺編學理通。
時值清和看萊舞，長房縮地羨壺公。

吳縣陳章〈廈門吳瑞甫先生六四榮慶〉，全詩如下：

清和時節麥秋天，海屋添籌頌大年。
華誕純陽同四月，青囊濟世亦神仙。

四座春風化雨長，栽培桃李滿門牆。
岐黃累葉書香繼，卦數欣符壽且康。

良醫良相本同功，懷抱先儒文正公。
更以立言歸大德，期頤獲壽自無窮。

宏願堯天矢壽人，著將妙手盡成春。
人心自古天心佑，純嘏由來錫爾身。

荊州但願識先生，學術文章仰大名。
萬丈光芒耀南極，天醫星接老人星。

史筆醫編付棗梨，博通今古貫東西。
名山尤有千秋業，壽世功高莫與齊。

吳縣陳起雲〈吳黼堂先生六秩晉四榮慶〉祝詞如下：

  吾壽吳夫子，歡迎祝壽詩。
  壽星耀南極，壽母降西池。
  壽世傳名著，壽人仰國醫。
  宏開仁壽宇，眉壽介期頤。

本年　《壽世醫報》第一卷第八期刊梅縣陳一葦賀詩〈祝廈門吳瑞甫先生六旬晉四榮壽大慶〉，全詩如下：

  夙聞閩省有遺賢，濂洛薪傳理自然。
  道德文章兼國手，總修縣誌筆如椽。

  家學源淵獨羨君，名醫七世信超群。
  采芹食饌攀仙桂，棠棣斐聲處處聞。

  懸壺乃值麥秋天，八卦迴圈又復乾。
  借得髯翁詩一句，祝君眉壽似增川。

  公門桃李滿三千，講義新編獨佔先。
  八八年華齊祝嘏，壽詩高唱寫雲箋。

江蘇吳縣倪夢若詩〈敬祝吳瑞甫先生六四榮慶〉：

題詩祝壽古風存，宴樂筵開酒滿樽。
自古善人多吉慶，蘭孫桂子喜盈門。
人生五福先言壽，南極星輝齒德尊。
是叟真為無量佛，優遊杖履樂天元。
愈到晚年節愈堅，筵開六四畫堂前。
恭維萬壽無疆祝，龍馬精神健似仙。
著作等身奴前賢，中西融化獨任艱。
愧吾曠學無華筆，貢獻俚言附玉聯。

本年　《壽世醫報》第一卷第十期刊梅縣蕭梓材賀詩〈吳瑞甫先生六秩晉四榮慶志喜〉：

至德如君最可師，名山著作棄官卑。
荊圍鏖戰中秋月，花縣榮旌七世醫。
桃李三千才若孔，松椿六四卦符羲。
星輝南極清和節，梅水臨水獻壽詩。

吳縣楊夢麒〈祝吳瑞甫先生六秩晉四榮慶〉：

錦堂花簇日初長，華祝遙申獻綠觴。

跌宕文章追屈宋，神明醫理善岐黃。

欣看桃李群英萃，始信松筠晚節香。

願得壺中春不老，好教後學奉津梁。

廣東翁源第五區中醫研究所劉仙琴〈恭祝吳瑞甫先生六秩晉四良辰壽辭〉：

吳公道德著鄉邦。

瑞氣藹華堂。

甫耳大名堪景仰。

先世業岐黃，至公益肆力南陽，醫術媲扁倉。

生平好學，博古通今善文章，游泮水，掇芹香，廩餼補，舉張邦，伯仲先後鹿鳴宴，昆季青襟盡聯芳。

六經詩史根柢，堪作後學津梁。

秩序分明階級，步趨現未周行。

晉爵加官非所望，思明歸隱潛藏。

四診回生真無忘，同安縣令頌揚。

良相非所願，願為醫之良，學校專門傳習，教育多方，縣誌總纂載筆，潛發幽光。

辰比譬如星拱，醫界齊頌陵岡，及門上壽趨蹌，哲嗣拜壽捧觴。

敝社逖德榮誕，同人祝蝦歌狂，愧無蟠桃之獻頌，聊借毛穎以榮彰，爰為之喜慶，歌曰：祝公多福兮，福降無疆；祝公多男兮，男盡賢郎；祝公多壽兮，壽而富，亦壽而臧；康且強，強更康，竊比於我老彭。

10月 《傷寒綱要講義》刊行。福建私立廈門國醫專門學校講義，由其子吳樹萱、吳樹潭和侄孫吳慶福整理，鉛印線裝一冊。書前有林向今司令題詞，陳韻珊、洪曉春、楊人拱、余少文短序各一篇並「參校門人姓氏一覽表」。此書有臺灣新文豐一九八五年影印本。

1936年

2月　《壽世醫報》第二卷第二期,刊陳應期〈祝廈門吳錫璜先生六秩晉四榮慶〉,全文如下:

　　華封疊祝,上頌三多,洪範九疇,群陳五福。狔歟,庥哉!年何高,而壽何長歟?推原其故,殆有厚澤者,乃庸厚報。具大德者,方享大年,此固非造物之有私,而鍾毓之獨厚也。洪惟吳公錫璜老先生,於民國二十四年夏初一,壽誕慶祝六四,蟠桃應獻三千,花甲一周,添重二,義經八卦,數恰大同。鄙人忝屬神交,屢蒙指教,躬逢籌盛會,寅開北海之樽,頂祝遐齡,申頌南山之句。遙憶夫先生之原籍,同安縣屬,思明遷居,弱冠則名題雁塔,科試則宴飲鹿鳴,舉鄉先有錫圭鴻樞之伯兄,游泮復有錫琮麟書之昆仲,哲嗣卻植三樹,孫男競秀多枝,濟濟一堂,稱極盛焉。曩者,鍾德門,邑侯獎匾,七世名醫高懸;清末葉,恩紹加官,候補知縣辭卻,祗惟是擔任雙溪書院,栽成一脈斯文,月課公評,風聲遠播。後則學校建築,款項籌貲,學生則改良研究,造詣則優等觀成,其立德為何如耶!兼之立憲變法,協同乃兄煌樞,辦理地方自治,附設中醫公會傳習,並立國醫學校專

門。教人為醫，即教醫以醫，實則教醫以醫醫，醫醫乃可為醫，其立功又何如耶！至於文學史學，兩擅其長，中醫西醫，一爐而冶。觀其總纂同安縣志，發表思明州人，筆削經定，奉大明正朔之書。褒貶維嚴，獨從漢趙岐之靈，以及中西脈學辨明，溫熱串文解釋，其餘中風論，則刪補之；三因方，則評論之；名醫案，則正續之；聖濟錄，則校勘之，煌煌旬刊，卓卓著書，其立言更何如耶！僉曰：太上三不朽，也不過如是云云。況又思明國醫支館，咸推先生為館長，培養醫藥人材，編纂醫藥講義，取消秘默，恪守公開，意至美，法至良也。噫，盛矣！先生其為萬家生佛矣。期自維譾陋，敢貢諛詞，愧鳧趨之莫遂。堂上介眉，效兕觥之是將，筵前祝嘏，將來杕國杕朝，上臻耄耋，壽民壽世，定卜期頤矣。范文正公有言，「不願為良相，願為良醫」，按此兩語，不啻為先生寫照矣。爰綴數行，上壽稱觴，望先生而祝之，曰：俾爾壽而富，俾爾壽而臧。康健。康健。萬壽無疆。萬壽無疆。

2月 《壽世醫報》第二卷第四期刊廣東蕭實賓賀詩二首〈廈門吳瑞甫先生六秩晉四壽慶〉，全詩如下：

第一吳峰擷泮芹，更探桂蕊步青雲。
萬家生佛胥崇拜，七世名師特冠軍。

活國活人懷陸贄，良醫良相慕希文。
年華六四迎風祝，孟夏花前借酒醺。

曾摘芹香璧水涵，秋風桂蕊更高探。
梟比坐擁專門學，鹿洞師承哲理談。
館長壽征逢八八，華封人共祝三三。
春來桃李都成蔭，七世名醫道既南。

6月 《衛生學講義》刊行。本書是吳瑞甫在福建私立廈門國醫專門學校講義，由其子吳樹萱、吳樹潭和侄孫吳慶福整理，鉛印線裝一冊。書前有林國賡題辭，後有吳錫琮、余少文序言各一。余少文評價此書：「以哲理衛生冠於篇首，次則融會古今中外諸衛生學說，折衷至當，欲讀是書者養成高尚人格，鍛煉健全身體以保國而強種，粹然儒者之言，其功非淺鮮也。」其子吳樹萱在書後跋語中認為此書：「多融會中東西學說及諸子百家磨練而成，而重於道德之衛生。此書出，以之作學校課本，於世道人心不無裨益。」此書二〇一八年以《吳瑞甫家書》附錄重印。

吳瑞甫是傳統中醫，但對現代西醫醫理也有研究。本書雖然多講生理衛生，但同時也涉及土地衛生、起居衛生等，實際已具現代環保意識，只不過沒有用此名詞。同時吳瑞甫也具現代公共衛生理念，他在〈公眾之衛生〉一文中指出：「個人衛生，家庭之事也；公眾之衛生，社會之事也。無公眾之衛生，縱一家庭間清潔消毒，

事無不舉。到疫癘盛行期間，終必受累，可知衛生斷非個人所能為力。近世交通便捷，鐵路輪船，往來如織，雖數萬里之遙，傳染病蔓延甚易，則對於公眾衛生，其必加意嚴防，周密設備，以保人民之安全者，尤刻不容緩。所以公眾衛生者，乃以進人民於健康，謀社會之福利，而地方得以系榮。」吳瑞甫對現代防疫觀念及建立相應制度也有周全考慮。通觀全書，可看出一九三〇年代一個傳統中醫全面的現代知識。

本年 《診斷學講義》刊行。福建私立廈門國醫專門學校講義，由其子吳樹萱、吳樹潭和侄孫吳慶福整理。一九三六年鉛印線裝一冊，講義前有「參校門人姓氏一覽表」，標明各門人負責章節及門人姓名、字型大小、籍貫及當時住址，保存了當時門人的詳細史料，本書有臺灣新文豐一九七七年影印本，但未印此表。

本年 《四時感症講義》刊行，福建私立廈門國醫專門學校講義，由其子吳樹萱、吳樹潭和侄孫吳慶福整理，一九三六年鉛印線裝一冊，前有陳影鶴、李禮臣短序各一篇。本書有臺灣新文豐一九八〇年排印本。

1937年

本年　抗戰爆發。

1938年

本年 日軍佔領廈門,避居鼓浪嶼,寓泉州路一百七十二號。
本年 作〈為日寇佔領廈門有感而作有序〉,全詩如下:

民廿六年,日寇佔領廈門,廈市被炸,地方驚惶萬狀,紛紛遷徙,市上屋宇傾頹計百餘所,鄉村及炮臺附近炸毀尤多。余於廿七年正月即搬移鼓浪嶼。越四月而日寇登陸,姦淫擄劫,靡所不至,洵厄運也。余在鼓浪嶼雖倖免於難,然日寇聞余生平嚴謹,頗有聲閭里,先迫余任維持會長,余不就。旋欲任余以海軍秘書,余婉詞卻之。最後由日議會議決,再欲任予以市長,余倘不就決派兵拘擄。有知者為予言,予於秘密中先搭英安徽輪赴星,得脫險。越三日,果派幹員及軍士二名、通譯一名,到余寓搜查。余於第五日已抵星洲。追維往事,有感而作。

蚩尤吐霧昏且黑。瀰地漫天不可測。
天生黃帝任誅鋤,巨惡窮凶終慘側。
夫何小丑敢跳樑,赤縣神州肆攻擊。
妖氛毒焰到閩疆,竟在鷺門相忿閱。

> 我時避亂赴洞天，老髮已如白門晳。
> 搜羅竟致引漢奸，竟欲使予共休戚。
> 段干昔日且逾垣，國仇未報忍附敵。
> 面縛銜璧似許男，聲罪用刑不失的。
> 呼嗟乎！天道無知而有知，殺人魔王安所適？
> 願教大義各深明，無使人民懼鋒鋼。
>
> （廈門圖書館編《廈門軼事》第三二九頁，
> 廈門大學出版社，二〇〇四年）

本年 作〈孫府君廷綸家傳〉，雪庵敬書，吳錫璜撰。全文如下：

歲在戊寅，廈門陷於寇，余避亂鼓浪嶼，足不履廈地者年餘，歷五月，以鼓浪嶼不可久居，爰買棹赴星州。友人為余言，孫子世南，精於書法，余心儀其人而未瞻其丰采，越數月而世南來，一見如舊相識，聽其言，蓋新學中之有道德者，古人所謂一見如故，歷久如新，余於孫子世南有默契焉。余居星二年，世南以其先尊行述，乞余為作家傳，以揚光燉。余筆卷久荒，愧不能導揚盛德，然其先人有美而不表彰，非禮也，又何故以不文辭。謹覼陳如左：

君姓孫，諱廷綸，字子經又字蒼祥，吾邑庠生，吾閩之廈門霞溪人也。其高祖諱全謀，以軍功顯官廣東水師提督，世襲蔭騎都尉。祖雲鴻，襲職官江南福山總鎮總兵，事詳史館列傳

及廈門志。余修同安志,亦採入,尚武功也。考長孫崇儒學,吾邑廩生,至長又能以詩書為其業,一庭之內,緯文經武,焜耀一時。蓋其祖德宗功之留貽者遠矣。君涵養深化,性情和藹,通經史,善書法,為世所推,教授之徒,以蒙為基,謂為聖功所自,始其誘掖後進也。授口口勤勤懇懇,必使學者迷其理蘊而逡已,以故學者多宗之。間又兼習岐黃家言,其沾病有毛達可之遺風,為濟世養生,本儒者分內事,惜其限於儒渦,以此不無遺憾耳。配葉氏,閨諱金鸞,如葉諱化成,公孫女諱來昌,公女望族也。性慈而孝,伉儷甚篤,能相大理家政,事無鉅細,必視必躬,不幸以勞致疾而卒,年僅四十有五。君生三子,長世南,次焰承,嗣舅氏,又次世奮。葉氏卒時,世南僅八歲,世奮僅三歲,中鎮乏人,不獲已率諸子就養外祖家。竟不數年,君又歸仙道,年才五十耳。與葉氏合葬白鹿洞之下。嗚呼,丈之所以報施養人,固如此其酷耶。余謂:此正丈之所以玉諸子於成也。竊嘗論之,遇不窮則不奮境,不苦則不甘大麓,遇風雷則知孝子。金縢納祝冊,始見忠臣。晉李密幼失怙恃,依祖母而後成立,明商素庵,少孤,得母教而成大器,千古智士達人,大率於艱苦中鍛煉而成,故境遇屯亶可以窘村夫俗子,而斷不足以泥智士達人乃者。世南昆仲,均以為克家令子,是則天之所以玉汝於成也。余故因其請立家傳,特書以為贈之。鄉愚弟吳錫璜拜撰　雪庵孫世南敬書

1939年

本年　寄家書：

　　……世界紛亂，來往輪船諸多不便。余年老，願歸不得，只求偷安耐苦過日，他無所望也。汝兩兄弟須勤謹讀書，以求他日能支持家務。余自十二歲時即立志，十四歲習醫，自行講究並無從師訪教，至今極為有用。汝兄弟須切實用功為要。俟余得回時，再行面授當能進步也。近接廖碧谿來信，言廈門山場將開馬路，樹人、樹諧墓均須避移，余思樹諧墓乃在將軍祠左邊，近黃姓鄉社住號鰻灶，樹人在你處，余忘記兩墓相去甚遠，何致同時均開馬路？汝可切實調查，如果應開馬路，該處塚墓甚多，他人如何辦法？可照例托人承接，費若干汝先墊用，余便速寄，倘無法商量，聽之就是。余在外，相去甚至遠，無法處此也。即就近查之碧谿就是，如啟祥在廈讀書，即就近行信與他就是。

　　　　　　　　　　　　　　　　　　　　三月五號

本年　寄弟吳珣甫：

　　……今不幸而中矣。本月來天氣熱甚，出門僑價甚貴，又乏國可坐。兄去年逐日開路，到晚間身體酸楚，設不變，計今年氣體子遜去年，如何支持得起家費，漸存八百金在僑興內，已交待馨媛，二兒逐月支寄五十元。兄在叨一月總可寄家信兩回，潭兒義侄仍如前在泉州路伙食雜費兄再擔住，不煩吾弟慮及也。茲再由郵匯出三佰員，以作家費，到即查收交汝嫂。發信仍交余名，有潭兒可以收件也。樹槐病體再發，前此經服礦石，流痰丸甚效，以金泊鎮心再收功。此丹載在《中西匯通》血症門方論中，此書前此已交在弟處，可檢閱即得。餘無別及。

古五月二日

本年　寄弟吳珣甫：

　　……雖曰年老，亦平時過於勤儉，滋養身體之物太少，致備氣衰弱，肌肉瘦小，究竟年紀已多，飲食是所至要，乃歷年兒孫食品較豐，而老人家竟不得食，未免太為倒置。此後病機較過飲食，最為要緊，款既接續備寄，多費何惜，試靜思之，年幾七十，世界將非吾有，再不享福，有何時期？余在鼓作此念頭，所以飯菜甚佳，氣體較前為好，子謙欲引

媛兒來鼓,因通行證限期太促,不獲;已搭至港輪先往香港,旋即來鼓。越日即到余處。身體康安,殊免懸念。妙仔事已通知馨兒、子欽,尚無機念。樹、添在同益不讀書,將來如何了局。讀書需費,余當擔任,令伊母切切注意。餘無別及……再中國銀行單拔生意場,多可行用,倘有失票,趕緊先行速知該行,此票據領單時,該行必有要保鋪戶蓋章方准領出。廿五燈下　五月廿六日早……又再馨兒囑咐以妙仔如此辦法都好,但伊尚有羊毛衫一件在同安,倘藥潮來,要來寄他亦好,如不來,後日寄郵政交鼓浪嶼泉州路一百七十二號便可取接。

本年　寄家書:

……世界紛紛,水陸均不便,即此可見。時事日緊,諒不久海空均不得來往。屆期家費必難支持。余已行信于鄭子欽處,囑其極力設法,倘不得寄出,亦無可如何也。本晚有人聽電話,言香港已截止其他之海空來往（昨日報紙有載香港統制海陸空軍來往）,似此嚴緊已在眉睫。余正在設想而事幾窘迫如是,方歎世亂之艱。順付出港幣捌拾員,到即照收,以拾員交汝五叔,拾員交汝三姆,餘陸拾員交汝家用。余在外多病,今已平安,是為告慰,所寄七月二十號信及八月四號信交珣甫,諒不久必能接及。八月十四號……余此處

行信與子欽，托其備寄，將來如有寄廈，素馨必能行信啟祥，特此達知。

本年　寄家書：

……試清夜自思，於心安乎？為人總有規矩，如此漫不經意，余斷不以為然。有何可諉托之處，余前信俱有抄存稿底，得汝書，愈覺汝實少不經事，毫無打點。一慵懶，一疏忽，情狀顯然殊虛余望也。時局變幻口深，傳省城有戰事，漳泉想亦不能例外，因地方匪類甚多，幾無一片乾淨土，汝當與五叔公商量，有何可以安居之處，預先打點為安。余本欲速回，看此局勢，百姓流離失所將難倖免，看上海如方之苦境，便知大概，余精力就衰，縱早回，汝等亦多一牽掛，不如暫且觀局，到嚴重期間尚未可寄款以資從注。順付出袁頭大洋伍拾員，到即以捌員交與汝五叔公，以肆員交與汝三姆婆，餘不贅。

八月二十號

本年　寄珣甫：

從前余存廈醫書中有四庫全書醫部全錄及英美日譯頗多。計一大廚四箱（購書花款要六、七百金，今當三千餘

矣,為之一歎)。日寇過後,得子欽來書謂該保存醫書已光與義侄。余已寄函於義侄,令其照料或寄回同安,不料義侄毫不介意,視兄如他人,竟將該書毀壞,喪失殆盡,殊太不介,不思該書余積數十年之工夫,方得買到,余臨行時,因其中有未抄本頗多,囑小妾交他學習,而結局如此,後輩之不可恃如斯,吾家人才一代不及一代,令人大虛所望。時局日緊,省垣已有戰事,不久泉漳必難免亂離之世,吾同避亂不知以何處為較安全。世界無一片乾淨土,吾弟在同較熟,不妨先期打點,如需款,余亦可提前預備也。如何速後順付出袁頭大洋捌元,到即照收為是。

八月二十早

本年 寄家書:

……戰場居民苦況甚不堪設想,茲再付出袁頭壹佰元(本擬寄美金因一元可漲三點,然恐吾同不便用)到即查收,以拾員交汝三姆婆,餘歸家用。所以較多寄者,緣地方未安或須科派故也。附出子經一信,即加書寄廈所本部門附號支記,內至要。

九月十三早

本年　寄子吳樹槐：

　　……就是照顧汝及汝妻子，老人家在堂中平日全不奉養，到病時亦侍奉無狀，試退一步想，於汝心安否？余於汝家費亦非有所吝惜，汝須勸汝母，年幾七十，世間將非吾有，即儉約亦無所用，余在廈日食頗佳，所以身體比前較好，媛兒來言汝母氣色不好，行步無力，身體殊覺虛弱，汝全不知打點，為人子者而若是乎？比之汝母衣食多年儉樸而逐月積聚，兩次地方不靖，被搶劫家私，幾於淨盡，到底　定儲積有何益耶？國幣再遲數日，有便當再寄以備用。汝當竭力奉養汝母至要。添任不知讀書，殊為可惡。余二三月在同勸汝及添任須來廈讀書，而汝二人均不願，自暴自棄，將來安望成家立業？世界紛爭，非有學問有本事為無立足地，且於衣食亦自己支持不來，可憐之甚。余老矣，而兒任輩不知勤謹，是將來之大害。是屆後日失敗，將何以自立。汝輩須急思經營至要。

　　　　　　　　　　　　　　　　十月十三日寄

本年　寄家書：

　　……當然過程，再仔細觀看參考，自然日有進步……各報言各國正議封鎖海面，果有是事，屆期銀信難通於家庭，日用不無防礙。日本作亂時期，在同在叻均備嘗其苦，生茲亂世，

人民殊難度日也。此間日內回教擾亂，當地政府早晚六點鐘即戒嚴，想不久或能弭平也。前再囑廈行備港銀壹佰陸拾員交汝家用，適屆年底，以捌拾員交汝母，內抽出貳拾員交汝三姆，餘陸拾員歸汝母子三人，計共四人，每人二十元，以備粗布衣服作為過年之用，另捌拾員內，可抽出拾員交汝三姆婆，另拾員交小姐五叔公，餘陸拾員歸汝母家用，兩條計共港幣壹佰陸拾員，即照分發就是。余身體漸安，但食減，人瘦消化不良，不無可慮，然老人景況，大概如此，無足憐也。

十一月十三號

本年　子吳樹潭寄父：

……至今月餘，信件尚未接覆示，掛念之至。深秋已屆，寒氣將臨，茲再寄奉上國幣三佰元，到即查收。除抽取四十元為母親買食物調養玉體外，餘貳佰陸拾員即由大人分發，作為一家人添採粗布棉衣以禦寒氣，若有不敷，大人先行墊用，發信來前即再備寄也。地方不靖，物價極貴，能免於凍餒便是福氣，至大人春秋已高，皮衣在廈已被偷竊，在同如覓有羔皮胛仔，不妨買一領，價貴無妨，或買絲棉或買新棉，從新製造，較有暖氣亦是備用，餘無別及。

國十月八日　農桂月十八日

本年 拒任偽廈門市長，於五月間取道香港，避難新加坡，在新加坡同安會館行醫，行醫之餘，創辦中醫學會並被推舉為主席，同時兼任廈門公會義務醫師，並以古稀之年主編《醫粹》、《醫統》、《醫經先聲》等雜誌，積極籌建新加坡國醫專門學校和醫學圖書館，成為新加坡中醫界公認的「國醫名家」。

7月4日 《南洋商報》刊登文章〈在同廈行醫五十一年 名醫吳瑞甫抵星 同安鄉親到碼頭歡迎者眾〉：

> 吳錫璜，字瑞甫。同安城人。三十年前考孝廉，素精醫學，在同在廈，行醫幾五十年，著有醫書多種行世。任醫學會主席甚久，為閩南人士所共仰。自廈門失陷，即移寓鼓浪嶼，不為所屈。近以環境關係，決然捨棄一切，率其家南來，其搭太古安順輪抵埠，同安鄉親到碼頭歡迎者眾，現寄寓於福昌酒莊吳幼承處，為本島良醫云。

本年 寄珣甫：

> ……屆今入手近五十金叨幣，若以寄款論，較之廈地裨益頗多，況此後尤大希望，非此間熱地全年氣候與鼓嶼五六月無稍異，濯浴甚有益於氣體，街衢衛生設備，亦極完全，惜城中中醫學問殊太膚淺，負盛名者不到此間也。前特再寄國幣陸拾員，到即向領交內人以備之將來之需。惟報載陽曆

九月歐洲有事，後屆期水道不通，輪船阻隔，則家費殊難支撐，廈僑與存款本按匯以湊員也。義侄伙食，兄此間亦已照寄，免介。在同家屬煩吾弟時常照料為是。

五月三十日燈下

本年 寄家書：

……余在外粗安，然精神氣體大不如前，時常困倦，但寢室食調養卻佳，或者再恢復健康亦無可知也。

七月七日燈下

本年 寄孫吳啟祥：

本十三號長信一封並附其美金壹佰元以作風水之費，恐汝未識美文，故特寄由子經處代轉，內附新的函一件，托子經與言收店稅之事，因收稅不堪久延，後日彌多爭執也，並另附交子經四員。汝可就信中照為分發，想經辦理清楚，茲再附其袁頭白銀壹佰伍十員，因白銀匯水每壹員頭叩幣三元，已較前寄信時每元差二角以系現固，否則美金起落較少也。若墓碑字已排好，即交汝五叔公照辦可也。天氣太熱，作風水趕緊收尾為妥，葬期由日師商量發信為是。民廿八年六月廿二日。

本年　寄樹槐：

　　余到叻諸事如意，氣候較鼓嶼為佳，醫務日有起色，大概到公館診病者為多，離五六十里地方，亦有到館問藥者，可見吾人學習事業，須有學問，有經驗，方有信用也。汝生平不能變通，讀醫書日久，仍如一無所有。余甚苦添侄游手游食，終日懶惰，殊太不該，如此行為，必終身受苦，設余不支持家費，則此等人直乞丐耳！余生平勤儉，到老不倦，是以能養成學業，若如添侄，乞丐肯經已出現。余已老矣，此後彼及身衣食，將何所依賴，欲不為乞丐，豈可得乎？人何以為乞丐？一則無職業，無本事，二則懶惰不肯學習職務，肩不能挑手不能提，衣食無所出，而乞丐成矣。茲接汝五叔來孫云，錦章為滋侄弄壞，意在收盤，此項紙店已成老號，似此殊太可惜。再行整頓未必無法，余擬寄壹貳仟員國幣添本，令五叔覓一可靠之當事，從中監督，即添侄亦可在該號學習生理，此貳仟餘國幣抵叻紙不過三佰金，在余擔負殊輕微，而子侄輩可在其中求一生活之路，照此辦法，殊覺完全。汝可將此信與五叔，商量辦法可也。茲再寄出國幣伍拾員，到即蓋余印往領，以充家用，崇姆、專仔若乏用，由汝母斟酌主裁送他多少。米貴油貴，戰區殊困苦也。

　　　　　　　　　　　　　　　　　　　　六月廿四日

本年　寄啟祥：

　　前於六月備寄補閏月家費經收到覆信。前書經屢敘明，後因政府統制凍結由中國銀行寄七八月家費，嗣由紹日再寄六月家費，因海上船少，來往屆今發函未得收接，此屬無可奈何也。茲按逐月余寄一幫信，樹潭亦寄一幫，雖延期較久，仍得資訊屢通，彼此得報平安，較為直捷，須付出國幣伍佰員，到即查收發信為慰。

　　　　　　　　　　　　　　樹潭兩幫信諒有接及順發

本年　寄珣甫、樹槐：

　　自前六月廿三日出第三號銀信一千一佰元，廿四日出四號銀信千元。本月一日十五號銀信用貳佰五十元，八月十六號銀信壹佰元，共陸佰元，中以四佰元加珣甫錦章號資本，餘一佰元交家用，想均收到。以江山遙遠，屆今尚未獲覆信，令人扼腕，旋於本月七日寄六號銀信壹佰元，由華僑匯交鄭子欽一千元，乃欲添錦章資本，信中均有敘及，十九日再寄鼓浪嶼鄭子欽陸佰元，湊足錦章貳仟之額，廿四日寄交馨兒三佰元，以一佰元交鼓浪璦存，還帳及家費，餘貳佰元轉交僑典。此後得利或交星中國銀行或交鼓華僑銀行，尚無一定。此再寄出壹佰五十員，到祈照收。抽出肆員交與許

朝京兄，陸元交與槐兒零用，四十元因父親十五日生辰，十七日忌食作為祭費。十五日生辰不妨多用，備肉麵壽麵加送親族，以表明外出人敬親之意，且以示子孫務須盡孝也。餘壹佰元交內人，以充家用，家中大小，囑五弟務須代為留神，因時癘盛行，吾同醫學兀曉事者太多，最易誤事，近遇顧世芳兄云，伊將於同城買地建屋，從前中軍衙門地乃沈叔階所買，伊子沈乃興，現在城內居住，近時甚為乏款，未知此地肯讓人否？囑吾弟代為查及，後日通信照覆可也。余從前在鼓慮歐戰展開遷延二年餘，未敢搭輪來星，今登陸僅兩月餘，即遇此界變局末劫降臨，地球無一片乾淨土，良可慮也。所幸南洋一帶，英政府設備周至，秩序甚佳，即管制米糧及雜食，燦然可觀，洵足為法。余到此受法治國之庇蔭，安如磐石，即生理人亦照常營業，毫無意外驚慌，在外身體平安，無庸遠介，家中大小想應均安，覆信時並言及為要……再報載，省電以閩省將疏散沿海居民，此舉殊為費事，倘屆期與朝京兄商酌，或移居時擔管轄，過城亦頗靠得住，因恐太遠，舉家大小或致水土不服也。

本年　寄樹槐：

本月初十日，接汝十一月二十日發信一張（此函乃十月廿五日寄，計廿五日始到同安，廿一日覆信到叻，共四十二

日）。十五日接汝十月廿八日發信一張（此函乃十月初六所寄，廿四日到同安，覆信早八日始到叻），音書遲滯，至於如此，乃從前所未有也。汝寫信不能清楚，一如「慈諭」，慈字本指母，如接父函覆信，須寫「嚴諭」。父嚴母慈，一定字句，「不甚須自言用財也」，須字宜改「需」字。人情世事，寫作「人前世事」，培養子孫，「寫信一養」，均錯誤。信中只宜寫父親大人，無寫余名姓之理，此乃寫信一定之法也。信皮寫名姓則合。來書以款項已照數分發，此乃出外人年底與親族人相探，猶送年一樣，大家皆如是，非獨余也。吳曾氏田官來信三回，言五叔至八月不交伙食銀與他，全家已欲餓死，已另函勸五叔，須照分給，伊未回十一月杪之信，所列餘項，僅寫在鼓寄款，此二十元竟不敘及，殊不可解。汝總須照交，至要。至於三姆之款，在鼓子欽備寄，僅伍佰元，匯費達參十餘元之多，未免太貴，余已寫信令其停寄。款存在鼓，明年此間逐月，則分別寄還不管。即汝母寄款，若不設法，將來亦無好處。緣此時亂事未定，即商人亦諸多變局，甚靠不住，或寄與華僑銀行亦可。此銀行在星一日，可得利萬餘，乃星幣。梅厝地切切購買，汝母發之來信，均言須積蓄些地，為培養諸任孫計，在余按算，大局定後，廈地風氣不好，原不可久居，惟吾同風俗殊佳。該地近在盧厝，將來重新建巢，俾兒孫有處可以讀書，屆年長婚娶，自有房屋，目前買到屋價雖近三佰，在星嘉坡銀不

過三四十元,以三四十元買一片甚廣闊之地,自屬便宜。婦人淺見,不能謀遠。五叔來信,言汝母不合意,誠所不解。余到星僅兩月,連寄批費友人總算已四仟餘國幣,在此間雖掃數寄出,而每日所得與前幾月間無甚差異,就八月算起,到年底或到萬金亦無一定,最少尚有七八千可以入手,又何慮衣食。及三姆之寄款,助茲再寄國幣五十元,吾國百物昂貴,可就五十元內撥出拾員,恩培、崇嫂、三姆、仙官、專仔各得貳元,餘四十元交汝母留作家費。汝若需用,向汝母支取亦無妨事(梅厝地與五叔商量決意買之)。此間僅一百六十元即可寄國幣一千元。余按此後新國幣寄中國銀行,在同安不買業,餘不多寄也。存積不久必成萬,培養子孫不慮無費。

八月初五日

本年　寄珣甫:

昨日接到覆七月一日第五號,函中言貳佰元暫留弟處,該項本係要交吾弟,仍可收存,即吾弟前書言該紙店添本只須五六佰元,亦可按額,交千肆佰元,或買藥或經營生意,總屬無妨,至於貳佰元買施厝地,已交內人(該幫貳佰玖拾元,亦不為再向他支出,如施厝已有成約,即寄信與鄭子欽,令其向僑興支寄,兄已寫信囑託他矣。此事已詳於第六

號信由華僑銀行寄槐兒信中,想槐兒定能將信與吾弟商酌一切也。十九日由華僑銀行寄郭玖亦已於七月廿九七號信內說明清楚。想六七號信,均經照收,即鄭子欽亦當有函遞到吾弟處也。八月七號再行信,直遞此門,因吾弟言生意將收局,未知該店有無間設,以此遞於分交此處,以免錯誤。前日所寄之信,分作也,雖亦由此故。吾弟信中言與恩培商量,此事極是。就令此時生意不好做,不妨勉強,如槐兒藥店,任賣藥許久亦頗熟,至添侄此時游手游食最為惡現象。如能於錦章附近買一店屋,設法藥生意,吾弟精神所及,稍為垂顧亦可。令子侄得有學習處,吾弟前每行信與余,言須教督子侄,不要看錢為重,潭兒余已帶之外出,吾同諸子侄輩,均乏出路。余心憂之,恩培做事亦靠得住,際此時機,不妨與他斟酌資本如何。除此外,余力所能為者,無不勉力到底也。子侄要緊,若不培養,錢財亦屬無用。施厝,若買得成,局此地與吾屋近,就該交花銷一百餘金,設立曠空場,亦免急用時諸多忙急,事定之時,廬屋及栽種樹木如龍眼之類,亦可得利,且將來子侄婚娶或讀書,方有位處。內人淺見,不能謀及遠大,殊不合也。兄是月因歐戰發生,醫務遂較冷淡,當時在廈地亦然,殊不可解。然以英政府之善設法,地方秩序如常,不數日私人營業當能恢復舊觀,殊可望也。所幸身體康強,雖老猶健。自到星以來,日在食飯,諸症門診為多,出診殊少,較之在鼓,殊為享清閒之福也。

此間匯水叨幣貳拾員以內，即可抵華幣壹佰金，作在鼓月所收入不及國幣貳佰金，即甚冷淡，以國幣算，亦較鼓嶼不止千倍，此後家庭費用，逐月照寄，若非有買藥及其它需用，便不多寄，因此地中國銀行可寄國幣，亦可轉作叨幣，在外亦不妨存積多少也。至於兒侄輩，學習生理較之文字及珠算，令恩培善為教導，所需費用，吾弟信來即當籌付，不必懷疑，此等事總在必行，不必觀望也。茲再寄出國幣伍拾員，到即抽拾員交許頭，系以貳拾員交槐兒添做衣服，貳拾員交內人補做寒衣，此條不在伙食之內。

古八月十六日新九月廿八日

本年　寄樹槐：

初間接到四月廿一日第一號由協茂來覆信一紙，經照收。前月廿八日曾由紹昌寄出國幣三佰元。第九號信，諒已收接，發函在途，可卜也。吾鄉米貴，百物價昂，各處皆然。潮州每百斤米至二百餘金，山西北平已無米可食，世界如斯，痛苦萬狀，此間物價亦步升，照前年初來時核算，亦須加四之譜。但外政府統制有法，不至太貴也。金價則大起，在廈鼓前時起國幣而已。然只一錢金，已值國幣八九拾元。余初到時，每錢換幣七元，今則已到十二元五角矣。余知幾從速外出，設如前猶豫不決，即無其它禍患，而口腹迫

人，饑餓在所不免，雖年已衰老，須越萬重洋謀生，然迫於物力，無可如何。茲因通信之便，謹備國幣三拾員，信為諸人釐敬，計三嫂四元，珍官四元，娥仔貳元，啟仔貳元，垚仔貳元，專官貳元，性食貳元，換官貳元，崇嫂貳元，仙官貳元，八官貳元，珠仔貳元，四官貳元，計共三拾員，合上條共五拾員，到即囑樹槐照為分發，覆信來知。至阿姊身體如未恢復，須常請五叔再為詳審診視。

本年　寄樹槐：

本初八日接汝來一、二號信也。前藉悉爾患風溫，至神氣昏暈，已請五叔用藥漸癒，且漸康強，汝母年已衰邁，平素愛汝夫婦，至為周至，汝夫婦切當極力奉侍，以盡孝思，須知奉養老人，飲食至要，數年來寶嬡善照料余……

本年　寄樹槐：

查前月初六日，由華僑銀行曾寄第十幫信，出國幣壹佰貳拾元，廿五日十幫信，由信局紹昌付出國幣貳佰元，除抽出年關與親族相探外，餘交汝母作家用，想經遵照舉行，覆信在途可卜也。前再寄出國幣貳佰元，作十二月家費，到即照收備用，余與汝母，年幾柒拾矣。汝為人子，不能奉養

汝母，余每回家，見家中有些美膳，即係汝母給汝夫婦及諸孫兒食飲，而老人家不與焉。母愛子，而兒孫竟不能盡孝，行為倒置，莫此為甚，以後務須切戒。近時物價甚貴，余逐月寄款，諒足敷衍，兒孫衣食，固屬當然，而老人家飲食尤要。值此地方不靖，應請汝母身體切宜照顧，徒儉無益。余近歲頗得飲食之益，是以較為康健。得以出洋謀食，否則前顧茫茫，正不知舉家若何受苦。惟兩月來費用較多，而收入較減，亦屬無可如何之事。前此余每得利，有些入手，因匯水較好，即全數備寄，自己並不留一錢，前因戰事，物價亦步步升騰，不得不留些，少以備用也。當下士潭讀英文，士湞亦入當同學校（外洋學費較重），在在需款，而四顧吾家，樹添游手游食，不受教訓，可惡已極，三姆亦不提出主意，誠關彼將來如何了局，余在外隱憂殊甚。啟孫垚孫，年紀雖幼，亦宜讀書，係汝應提出主張之事，正不宜泛泛度日。教養子侄，應用學費，余斷不惜，明年如何設法，汝應覆信來知，年關已屆，附近溝渠，應催工清理，臭氣逼人，便為染病原因，須知公益即為私益，不宜以些少之事，亦不肯為也。

廿八年十一月十八日　新十二廿八日

本年　寄樹槐：

　　本初一日寄出信壹份，國幣壹佰貳拾員，諒均若未照發，覆信在途，可卜也。是月寄鼓甚少，因瑗來，置妝棹家器並做衣服，潭兒滇兒已屆年杪，須速備，計共開出叨幣百餘員，是以乏項可寄，且九月底寄項，余處不存分文，潭兒讀洋文，又須束脩，因此存款銳減，第瑗此回來，十分儉樸，四人米飯，月只貳元餘，連炭及油鹽肉菜總計算，每月廿三四元，租厝在絲絲街對面，甚光亮寬堘，又兼涼快，每月連電夥自來水在內，僅叨幣九元，似此省費，從早晚照顧老人家，免致東食西宿，亦也利便也。余此次外出，實因在庵山寓次，有危險情事，余搭輪第二日，即有不識面、話不通者到余寓，瑗來始知，前不獲已，始到此間，亦屬難民一份子，在外要潭兒十分節儉，所常匯水較好，是以得多寄些少，並非在此處有許多利益也。後因問知故，即米菜騰貴，慮中親屬度日維艱，是以電寄些少津貼，出外人居心大概如是，非獨余也。此特付出國幣貳佰員，到即抽出貳拾員，分拾元作添妝費，拾元交三姆作年底之用，前此交汝貳拾元，為汝及孫作衣服，際此百物昂貴，必不敷用。再交汝貳拾元，補作衣服，並交碩堂拾元，以作年敬。崇嫂、仙官、恩培、專仔、娥仔，每人各四元，計共柒拾元，餘壹佰三拾員，即交汝母家用可也。家中大小，想應均安，發信時須並

言及為要。附五叔字一紙,到即照交。

　　　　　　　　　　　十二月四日　古十月廿四日

本年　鍾文獻詩贈吳瑞甫,全詩如下:

〈贈吳瑞甫孝廉〉

佇望甘霖遍地春,流迷得楫倍相親。

蝸居夜月同仁里,梅嶺寒香透隔鄰。

文字有緣羅客夢,瓶罍未罄醉吟身。

襟懷灑落稱壺隱,自是風流不染塵。

　　　　　（《鍾文獻詩集》第一二〇頁,自印本,一九九七年）

1940年

本年　寄啟祥：

　　本月廿八號接汝覆信，知一家平安，甚以為慰。但值此時局，令世界汍芬，印尼暹屬革命多年，至今尚未平靖，即本處街衢紛亂，經英政府極力整理，且見要令第嚴，地方仍然困苦，生意衰頹，失業日眾，即余個人收入亦無好局面可以希望。閩漳泉各地物產昂貴，所寄家用款項諒必不敷甚多，然英政府鐵限，每人每月只得寄叨幣肆拾伍員，較多則罰款甚重，清令較前尤重，信局亦不敢多收。局勢如此，望各孫應以節儉為重，希望克勤克苦，遇此難關，能得平安淡泊過日，便是大大福氣。汝年尚幼，故切講究醫學，須先讀《傷寒論》，吾家藏木版《金匱》，汝可檢出，請五叔公教汝，以勤讀為要。俟余回，再行傳授極簡要方法，將來衣食都可無虞，業已妥之良法，切勿放過，至切。順付出叨幣肆拾伍員，新港幣柒拾伍員，到即查收，福維母知。倘有不敷，余當托友人由廈設想，且在外平安，盡免介，此覆。再，港幣接收後，可就柒拾伍員內撥壹拾伍元，交汝三姆婆作家費，汝可將陸拾伍員交汝母家用。

元月二日

本年　寄樹槐：

　　查去年十二月十八日，作今年第一幫信，由紹昌匯去正月費用國幣貳佰元，屆今覆信，尚未接及。正月初九日（第二幫）匯紹昌去貳佰元，作二月費，內抽出五十元還三姆。二十日匯華僑作第三幫，去國幣貳佰伍拾員，廿二日第四幫，匯紹昌去貳佰員，皆係還三姆之額，計共伍佰員，想均收入，覆信在途可卜也。此再匯去國幣貳佰元，到即查收。因聞米價壹斗伍員貳角，他物亦均起價，故此多寄。內可抽出貳拾員，凡戚族有無米可炊者，不妨津貼多少，由爾母主意，余不聞亦不問也。惟前信屢次言添仔須打點路徑，令其母須切實教督，否則一變壞，無可如何，且對於我家庭，亦不好看，試思余年幾七十歲，尚須越數萬里重洋，出外奔波，而彼年當少壯，應在經營時代，竟如此游手游食，將來如何了局。須知余即往庇蔭於他，為日料無幾。設一旦失所庇蔭，彼之衣食，將何所領賴。無職業可以謀生，定必凍餒而死，詎不可怕。即啟孫亦當赴學校讀書，汝母寵愛過甚，聽其惡言謾罵，習以為常，養成誨慢長上之風，為害最大。汝等為之父母，不可不留意及之也。祥侄孫三養不繼，凍餒殊甚，爾五叔近來利路較少，竟視之如路人，爾當請求爾母，召其在我家吃飯，與啟孫作伴入學讀書，至要。所費無幾，余此間當設法多寄，學費及伙食，每月多備五元，於我家多一人吃飯，所費無幾，余若得利十七八

元,便可抵國幣壹佰元,以此培養子侄,亦極容易之事,倘蘭母不肯,亦當覆信來知。余此間直接寄與田官,亦屬無礙。須知此時代,地方百物昂貴,南洋作款帳濟,動輒十數萬,況屬家族之事,尤宜見義勇為,錢財身外物,余即少年時即看破,故所得利,令付家用,無自私之意也。汝及爾母,當體貼余意為好。庚辰　二月四日……再三月將到,爾母即宜做蚊帳,一則照顧自己,一則照顧孫曹,因蚊最能染病於人,世界公認,不可不防。又爾沛舅,時常來我家食粥,最好月給二三元與他自食,勿令來食,以防傳染,因此人多病之故。

本年　寄樹槐:

　　……身體得以健康,故雖越涉重洋,而精神實實如昔,丁此時代,照顧身體尤要。故不可因物貴而多方吝惜。汝母令汝寫信,言須以拾貳員送五叔,拾貳員太少,茲特寄出伍拾員,如收到即以貳拾員送五叔,以肆員送碩堂,汝可支陸員零用,餘貳拾員仍交汝母收用。本月五日,余已由紹昌匯出國幣貳佰元,作三月家費,大想不久即能收到也。來書言入學不便,後日汝可當觀局設法,至潘仔年已長大,萬無游手游食之理,試詢他作何打算,覆信來知。

庚年二月十日

本年　寄樹槐：

　　……此事殊太多心，此回余存在僑興有千八元，連前一千元，共有二千八百元。汝五叔來函，僅言錦章只須五六百元，除此外尚有二千二元……啟兒款已節次交還，僅存一百左右。扣起額花記一千元……余在星再能存積，將來余按一千元還他……花記款也未便久存僑興（因汝母舊時寄子三，後來子三將赴港，有葉姓者，竟釗汝母之寄款摘銷，後韋國棟與之重論乃止。最好就同安覓買業座，將此寄僑興款合汝母（就此購業，寫信令子欽寄回）款亦有三千左右，花仔款也。余在此間不久，一千元便可做到，如無業可買，花仔款由汝母致再寄他，仍請汝母主意……如何計畫，即與子欽承接可也。信到，諸事如不明瞭，或做不出之復，即與五叔商酌可也。十月二十日再寄出千元，不日為能收到。五叔亦言須用五六佰元，即通知他不寫信與子欽，令其備寄可也。余決無意，後熟讀為要。大局稍定，余一定回家，此後不再出門診症，余導汝看病，自能變通。自能熟悉，後日便有出頭日子，故勿偷閒過日為要。汝來書言汝母意，長千家當不能顧得一家興，際此時機，不能如此看法。余因醫金所入短少，不能敷用，凡事仍量入為出，自己極力節儉，倘力能濟人之困，亦非如此辦法也。值此米珠薪桂，作些濟人之急，亦分所應為，況在親屬，力無問題，為款無多，不必以

此為介也。本晚接爾發第五幫信，言各寄款均各收入，甚慰。茲再付出國幣三佰員，到即照收，以貳佰員作四月家費，汝前信言由三姆借五十元，即以五十元還三姆，以還借款，另五十員作余生辰及初六初余太保爺生辰。逐年均有請洋阪帝君到宮內，即備牲禮致祭為要。余生辰日可多備鹵麵祭祖，送各堂親可也。現身體平安，汝母已老，汝及汝內人，切宜盡心照顧，至切。若要食物，錢項不可當惜。汝有信來，余當多寄。

庚年三月三日

本年　寄樹槐：

前所寄各幫銀信覆函均經收接，惟本初間所寄第七幫銀信外付同幣三佰員信四月家費，想已收入，覆信在途，可卜也。茲再付出國幣三佰員，到即照收，以充五月家用，因我家五月諸事極多，用途較鉅，初二日又為爾媽忌辰，用費從豐，以祭祀當盡孝故也。汝及諸孫若須補暑衣，可請汝母暫行墊用，發信來知，即當備寄。汝看醫書須勤謹，以期有得，余老矣，後日擔當悉在汝身，汝其無忽，至要。

庚三月廿七日

本年　寄樹槐：

　　三月三日第七號信，付出國幣三佰員。竟延至四月三日始得接收（此間至本十六日方接發信）。郵局之遲滯，殊可想見，然較之銀行則已速矣。爾母之日見康健，家中之大小均安，至以為慰。惟同安救濟委員今來書，以吐泄、鼠疫、腦膜炎，三疫症盛行，死者不少，刀兵未已，繼以疾疫，殊堪浩歎，但此奇症，五月以後，熱度高至近九十度，疫蟲不能生存，則疫癘可安。家中可常買菜頭、綠豆、冬瓜煮服，甚為有益。不但可避疫，且免染癘。余遇疫症盛行時，多食菜頭、綠豆，每與病家接觸，竟不傳染，已多年矣。汝其遵行為要。添侄讀信箚亦佳。顧先生精於演算法，即令兼習珠算，至為切要，束金多送無妨也。要在學習有得，將來主有利路耳。前月廿六日，余再由協茂付出銀信三佰員，想經收接。同時並寄出素馨處伍佰員，令存中國銀行，不日定能接得覆信。前再由紹昌匯付出國幣三佰員，以作陸月家費，到即照收俱發。汝可抽拾員以作零用，餘貳佰玖拾元，交汝母收存。汝母如要調養身體，可再請五叔商量。余此間亦有寄些款與他，兄弟叔侄間，總可不論也。義侄在鼓，余此幫亦寄貳拾員，與作喉科備藥之用，汝母年老矣，平素對於汝夫妻，萬分鍾愛，正當病後，汝夫妻切宜居心照顧，方合子婦之道。廿九年四月廿八日……再百物昂貴，若有補些衣服及

束金種種費用，倘有不敷，發信來知，即便照寄。

本年　寄樹槐：

前月所寄批銀第八、九號，覆信俱經收到。惟十號匯出國幣肆佰員，想經收入。此乃以三佰元作七月家費，壹佰元以作我父中秋壽食之費耳。當時問統制局將管理外匯，故提前先寄，後經我國領事向商，可以照舊。則信局可無以等阻礙也。至云三月廿七日信，在四月二十日接收，並來接及協茂一信，此則錯誤，檢閱收單，該信即由協茂寄出。因協茂亦交廈門正大，汝覆信信局，亦由同安信局填寫茂字XX號收。因該信局均為紹昌、協茂信匯機關，以此誤認耳。汝來信以為補做衣服須另寄，孫兒及侄束金，亦須備寄。茲特寄出國幣貳佰員，以壹佰員作為一家人添布衫，以八員交叔伯（崇嫂、仙官、恩培、專仔）各肆員，共貳拾肆員。汝可收陸員備用，共三拾員。貳三拾員，因此時間米糧太貴，應稍與津貼也。餘柒拾員，除送束金外，有餘可作添補衣服之用，至八月費用，不久便再寄去。余年已衰老，時事不值，行蹤無定（此地卻甚安穩），此間亦當留些款，以備不虞。汝切須常閱醫書，以為後日自立計，最要在外平安。

廿九年六月十四日

本年　寄樹槐：

　　前五月十六日第十號信，由紹昌付出七月費，經收到，覆信矣。其六月十八日十一號信（係作衣服及束金）二百金。七月三日十二號信，作八月費三佰員，想已收入，覆信在途，可卜也。此二幫信，郵局甚為延緩，顧屆今未接及回信。傳聞此間統制局，將限制銀信，每月每人只許寄國幣壹佰員，事果屬實，則看南洋錢維持家費者，將不得了，我家亦其一也。望此事或不實行，否則以中國百物昂貴，將來必苦難勝矣。吾兒必須認真讀醫書，希望後日得以自立，是為至要。茲特提前寄出三佰員，以作九月費用，到即照收覆函為慰。吾鄉米糧較前宜否？柴及蔬菜，價格如何？務當一一詳述，以慰遠人。余齒痛近一星期來已癒矣。日前余曾寄貳拾員，交素媛買鴨，囑其每星期服一隻，因他之病食鴨多癒也。信局匯款統制，勢必實行，但政府尚未宣佈，規矩章程亦未宣示，倘到實行時，逐月寄款必受限制，余前曾寄子經處一千元，作為家費活支之用，倘後此有法，得接續備寄，免論。否則逐月應支多少，以彌補費用，不妨向該處支取也。

　　　　　　　　　　民廿九年八月廿六日　古七月廿三日

本年　寄樹槐：

昨日接到七月十一日十一號覆信，中言爾母再患溫熱症，今已痊癒，惟頭眩暈，四肢痠痛，左手尤痛，且瘦於右，當係老人病後氣血壅滯，未為由風濕也。因風濕無瘦及肚內之理（風濕能作腫），且頭眩暈（血虛），風濕症也少有之辦法。風濕症必舌白而粘或多痰水，若兼血虛，舌必無苔或深紅色。汝母平時舌淡紅，似血薄症、風濕時或手足腫面腫，且腫處有熱氣，血壅滯症，動則牽引作痛，不腫者多，茲錄一方於後，並作藏法悉具。汝可與五叔商量，若服一二，腹痛較鬆，當服便得癒。汝可與五叔商量，看諸藥合成與否，以定進止也。十二月底，目此間統制局將限制寄費（每人每月定英幣拾伍元），若以從前國幣起價，須英幣十七八元至二十元），方匯壹佰員（寄費太少），看南洋錢者殊太困難，乃提前寄出國幣三佰員，作九月家費，諒不久即能接到也。茲再寄出國幣壹佰貳拾員，到即以壹佰員交汝母作十月家費。余俟逐漸補寄，該制局因總商會匯兌局銀行，均請求中華領事，而其交涉或再修改，總無一定。汝母余再號一字，取貳如玉貳如金之義，命名顏貳如，汝祖名筠谷，汝可再刻一印，名孫筠，此二名用銘石刻或用木刻，篆字楷字均可，以備要時可以行用。余無別及。余齒痛用六味地黃丸二錢，分五次泡服，已癒十多天矣。汝目前切須用功

看醫書,我家之《醫宗金鑒》、《溫病條辨》及向五叔處所借看之書,切宜常閱,以求後日有用。汝若看熟,余回家時再行傳授,便有好處也。添任須令學演算法(叔處顏先生會教),以備後日向生理場實行,束金多些,不要緊也。切合生理,後日可謀。不知魁仔近時在何處營業?添任資質甚鈍,此等生理,或可經營,縱不要此項生理,營為他項生理,亦可有出路也。另附貳拾元,乃寶瓊所寄,計送三姆兩元,珍官壹元,添壹元,娥仔壹元,啟仔壹元,垚壹元,汝母三元,共拾元,餘歸家用,此示。再據鼓來信,媛兒已較痊可,馨兒八月將分娩,余已寄交次共二十六元,交媛兒養病,已寄兩共二十四元,交馨兒產後調養,合此達知。汝每次寄信,信皮蓋印當在名字上,信內亦然。有錯,此後宜照蓋在名下方合。照余寄批蓋印式看便明。

民國廿九年九月四日 古曆八月三日

本年 寄樹槐:

本十六日接到七月廿六日第十三號覆信,備悉一切。國幣亦經照數收入,以作八月家費,在外可免介慮,所陳家中大小瘧疾,時常纏綿,良由溝路不清,孑孓生在臭水中,多蚊咬人,以致叢生,此病余前書曾諄諄垂諭教示,須清溝路,勿至生蚊,且須做蚊帳,以免瘧疾,為費不多,而為益

甚大。余到星州後，在大小坡、各街衢、溝路、臭水，逐日清掃，全年未嘗發現患瘧疾，惟離坡較遠山湖地方蚊生頗多，患疾較吾鄉為厲害，即此可知大概。些少費用，不必愛惜，總以催工清理為要。余在外身體健康，無庸遠。汝寫信用印須在人名之下，如仍蓋在上頭殊不合，以此當更改。令媛兒輩來信言病象已較痊可，余已寄藥方，令再服食，汝母臂痛，服余方有較癒否？覆信宜詳。七月廿三日再付十三號信銀，八月三日可再付出十四號銀信，諒經收接。此間本日報紙揭載，統制局將將於新曆十月一日宣佈僑匯寄信銀限制額，諒領事經有交涉，銀行亦有請求，或不致如各以英紙十五員為限也。茲再付出國幣三佰元，到即查收。余長兄即余師亦汝大伯，其恩辰何日，余欲忘記祭祀宜，豈余不能回家設法，吾兒切需敬謹將事（此回弗攤），按寄貳佰元連前一佰元足三佰元，以作十月家費。因此間統制，官報載將於新曆十月一號宣佈限制，正出知宣佈何價目，雖經領事交涉，大想為有減無增也。

民廿九年九月二十　古八月十九

本年　寄貳如阿姊：

得樹槐身故信，慘痛莫名，切望賢姊須以身體為重，勿過憂慮，致有防礙身體。死者已矣，二孫尚須培養，值此四

處紛亂時期,此身尤宜保重。一則丈夫避難外洋,二則兩女出寓鼓浪嶼,三則親戚朋友亦多離散,四則百物昂貴,無論如何,事局每多草草了事,看此不良印象,無人正宜以鐵石心腸,斬斷煩惱,振保持此身,以為後日團聚地位,寄語:珍官姑老矣,素又多病,老姑甚鍾愛汝,汝切宜極力照顧,汝兩子甚聰明伶俐,上盡孝而下盡慈,不久便有由苦得甘之日。看外間及各省,顛處流離,死不得所者甚多,吾人尚衣食無虞,盡當靖力堅忍苦痛,老天斷不負勤苦,到地方平定,便得漸入佳境也。

此囑　寶瑗字　九月廿八日　廿七日寄

本年　寄啟祥:

本初一日接到汝五叔代發七月廿三日家信,言三百元經已收入,並汝父於九月初二日寅時去世,悲愴殊甚,第生死有命,非人之所能為。余自少閱歷到今,愈信其然。昔孔子以三歲喪父,孟子以五歲失父,中國聖賢,至孔孟而極至,而皆少孤,且孔子僅有一子伯魚,而先孔子卒。以孔子大聖人,而不能庇蔭一子,此誠命之無可如何也。明之商輅,幼而失父,今之蔣委員長,九歲而失父,此四人皆賴其母教督,而皆為大聖賢大人物。汝待切宜勤讀書,為將來振作家聲計,余於汝等大有希望,汝等讀書必先謀生,應需依食,

不久之將來,余必能設法完備,此一年後大局想能安定。余亦能趕緊束裝回里,聚首一堂,教誨爾等,俾得成就學問,以維持家計,此亦余應盡職務之要事也。其前九月十四日,余得汝父手書覆信,言舊病復起,余立即寄付三佰元,以作十一月家費並附藥方,不料已無及也。廿五日接香港子欽來信,言汝父身故,余即由協茂匯去三佰元(不列號),此條大約本月半間當可收接。汝媽手不能舉,家事總須煩汝母與三姆婆幫理一切。余在外方免憂慮,傾知此亂離時間,各有各懸,比我更萬分淒慘者甚多,能堅忍維持以過此時代者,便為福氣。茲再付出國幣肆佰員,作十二月經費,如收到即回來知。民廿九年十月五日　新十一月四日……信乃十月十二日寄……再天氣近寒,衣服綿被,切宜補足。從前薄被殊不合用,重在人,不重在物,此事宜注意從儉矣。益也。

本年　寄啟祥:

日前接八月初十日發七月廿三日,十三號信,知該項均已照收,甚慰。所言百物昂貴,各處皆然,非獨吾同也。此間物價亦步升,幸政府善為管制,各體不改,過日即市面甚有秩序,足可告慰。八月三日,十四號信,曾由紹昌匯出伍十元,十九日(十五號信)由紹昌匯出家費三佰元,作十月家用,想經收接。音書近頗遲滯,因特提前先寄。再匯出三佰元作十一

月家費，其前壹佰元，留作十二月用，十二月三佰元，不久即再寄，在外身體俱平安，啟孫明年當入學堂為佳，汝醫書常看為妙，添孫立習演算法……馨兒本八月十五早生女順筆達知。

民廿九年十月八日　古九月八日

本年　寄啟祥：

再此信寫就因匆忙未寄。到昨天接到汝八月廿四日發八月初三日信十四號信言五十元業經收到，均各照發，甚慰。信中言汝於八月十八日患秋燥舊病再發，請教五叔漸見痊癒。汝之病已癒多年，如仍至今回新病後引起舊病，前此余教汝須多食蕻頭，信中曾有言及，正為提防此病復起之故，而汝不能履行，殊為可惜。倘未安全神氣，未服金泊正心丹，切宜制用。方載在中西匯通血症論類方中，其方配食數種極用至。原書余寄在五叔處，可檢事業採用也，先先助他。睽違數萬里，是否原病，殊為分曉，總須請教五叔方食。

廿九年十月十三日　九月十三日

本年　寄珣甫：

得家書言槐兒患秋燥病再起，此等舊病是否病前精神病而言，兄頗以為慮，其信中得吾弟施治漸見痊癒，當時病所

用之藥若犀角袊年龍骨牡蠣虎頭骨牛黃黃精等通靈之品（此等藥乃是於當用藥中加入，非專恃此也）都有用過。大便不下，則用礜石康痰丸通之，袊年近已極貴，所惜家中之袊年，前帶在廈，兄主張將傢伙搬移鼓嶼而爾嫂不肯，致全部損失，此無可奈何。這事也，既然不答，余亦置之，但兄已外出，該病即煩注意治療為是。

本年 寄啟祥：

前於九月十四日由紹昌匯去十六號信銀三佰元廿七日又去不列號信銀三佰元均經覆函照收，此間亦經收到覆信去月十二日由紹昌匯去十七號信肆佰元作十二月家費，屆今已二十多天，想汝處亦經收到，惟不列號信乃由爾汝祖媽及爾母具覆中云：汝父喪費向三姆借用須五百餘金，前月（除三十金外），經寄去廿佰柒元，此款先還三姆，茲特再匯去貳佰員，到祈照數還清，倘有不敷，余從前均有多寄，此十二月及正月均按多寄壹佰元截長補短，當免缺額。至云汝弟垚仔連年多病，此回再患三日瘧，服五叔藥多無效，三日瘧本難治，余三十餘歲時曾患之，日日服藥至十八日癒。想爾祖媽當能記憶也。此待瘧如要服雞那丸即白藥，須於第三日瘧退後服之方效，癒後還要多服雞那數天。接服雞湯。自能痊可。未服雞那，雞湯不可用也，並須將患瘧人臥在床上，以手按之左腹

邊，若有一條堅硬，即為瘧母，用貓江莉頭二三錢煨雞，服即能散去。此瘧母，俗名水痞，西藥名硬脾，乃積穢血而成，若不散開，瘧必纏綿不已也。余從前行信教你家中眠床須用蚊帳，全慮家中人一被蚊咬，為叢生熱症瘧疾。前此余每回家，見爾媽並無蚊帳且所蓋之綿被甚薄，即曰：愛惜物力亦非如此愛惜法，須知人一受病，不但費多而且受苦……

本年　寄貳如賢妻：

自前八月十九日接槐兒八月三日發信，言伊舊病再發，余即甚喪。因此病用藥頗費，予非博極群書不能措手也。隨於接信後即將應若行治法，立刻覆函汝處，尚未接信，而槐兒已仙去矣。刻接子欽香港來信，言槐兒於九月一日身故。老年人遭此景況，慘痛奚似。余到叨後自念繼起乏人，屢次泣數行下，今槐兒又溘逝，不知余積何惡業而遭此境，似此更加欲哭無淚也。所幸猶有此幼孫，差堪慰藉，全望吾妻善為寬解，應能撫養孫曹成立。汝近年多病，不堪憂苦，萬望將此事置諸度外，勿過憂慮致礙身體，庶大局稍定，余還家後夫妻猶得相見，內親外戚均得團聚，死者長已矣，生者尚須照料，汝為一家主腦，不當再罹疾苦。致余老人在外，更抱隱憂，是為至要。寄語珍官當上事老姑，下竭力撫養兒子。余年雖老，汝母子一生衣食當設法到，免有掛慮，豈知目前至為苦境，然值此亂離

時代，比我更慘苦者甚多，世界人惟肯耐苦，老天決不辜負，望切守余言為要。順付出國幣參佰員，到即以二十員交珍官授寶瑗，吩咐再抽出壹拾員交珍官，以作汝孫零用，餘貳佰柒拾員即抵喪費，倘不敷，覆信來知，余便再備寄。共前八月十九日寄出十五幫銀信，九月十四日又寄出銀信，均未接覆信，想為有此家庭事變，以致稽遲，抑槐兒信中又云，小印已刻就。余使刻印，全因此間政府將管制銀信，為寄函必需經常用之，於時事嗚呼苦矣。七日前所接槐兒處書，言伊得秋燥病舊症後發，服五叔藥覺癒，余心甚苦。以此症，惟李冠仙醫案繞有，余醫書中餘付從未有言及此者，知此症非惟五叔不諳，即中西醫亦多不曉，竟不數日而凶信遞至，亦可見亂離之世，人民之苦慘萬端也。雖曰死生有命，然人事未盡，悲寒不無隱痛。昨得信，全夜不眠，右頭及足皆抽痛，明知憂思無益，終難悲然不獲已。讀佛經，冀可忘記而心事不佳，動輒得咎，既而思之全家費用皆靠余支持，若余精神有意外，則大局壞矣。不得已思斡旋之法，以槐兒雖已，而所生二子皆精神活潑，余身體尚佳，設天假余以十年，於地方稍定，即速裝歸里，教督二孫，此二孫俱聰明伶俐，讀書三五年，定可成器。寄語賢妻及珍官，後局大有厚望，不必以日前之事為介也。彼生此二子實大有裨益於吾家，萬望一家人善為照顧，不宜食此，不可與食隔多天之物，能發酵亦不宜食，慎重為要（瑞甫囑）。後附寶瑗囑咐。

本年　寄啟祥：

　　十一月十二日由信局匯出十二月家費國幣肆佰員。本月四日又由協茂信局匯出國幣貳佰員，以抵汝父葬費，想經收入，覆信在途可卜也。余近日又匯交汝五叔公處國幣兩佰金，為其添本，意在令添任徒該號學習生理及帳法，經寫信與汝五叔公，再三叮嚀，令其召添任入店。余年已老，為大局計，必須兒孫任孫皆有路程，日後方可如人，眼前些少之費，不足惜也。至於闔家年潤，店分寄之費，余已另寄，具函與汝並五叔公，囑其收到即代分發。因老人家值此時間，心事不佳，未便再擾其清神，後此則不復為此矣。啟垚三日瘧已癒否？五叔公有再來巡視否？心甚念念。若久瘧，面色已皰白，唇舌已不紅，可食金雞納霜數日（不能吞丸服霜，亦可用開水或茶化勻送下，能吞丸則吞丸），再食金雞霜湯，常能除根。第須與五叔公商之，不可孟浪也。茲再付出國幣肆佰員，以作正月家費，由紹昌信局照拿，到即查收，發函為要。信內編號，由正月起，再以第一號起算，較為明白了當。此示　書甫寫就，而信局遞汝覆信，前來言十二月家費肆佰員已收接，交汝祖母，並願余寫書方以作字格，因紙未備，後信即寄。

　　　　　　　　民國廿九年十二月十九日　舊十一月卅一日

1941年

本年　寄啟祥：

　　本初四日接到汝發十一月三十日信。藉稔正月家費國幣肆佰元經照收交汝祖媽，甚慰。所云五叔公分交家中諸人國幣捌拾員並潘任已入錦昌店內，學習生理，尤慰。垚孫身體較好，汝五叔公覆信亦有聲明，但面色欠佳，硬脾（即瘧母）未念，慮尚難一律順序，必須將硬脾治癒，方能清除病根，余回家時，每見以豬腰餅作點心，似未甚妥，糕餅必取新者為佳，隔多天總不合用，能不與食更妙，最好為家中自炊之綠豆糕仔或地方商人所賣之雪片糕，食之較無弊，然亦不宜多食也。吾鄉多蚊，為瘧疾根原，蚊帳最宜設備，余不惜費也。茲任家費，余自去年即與訂至十二月為止，此回再些少與他，乃給任孫輩以讀書費，可稟汝祖母，無容過慮也。余自少年時，即立場在庇蔭一家，到今年老，此志尚存，如醫任，余代設法往呂宋，頗多墊款，不令家人知道，後局面變壞，底是彼負余，非余負彼也。若泉到廈，余教之習醫，每月給以柒元並逐月贐其家陸元，迨後彼能組持家費，余始截給。設當其時，余不為計畫，到今受給養之拖

累,將無已時,斷非為人家長之道,即此回錦昌紙店,余亦津貼其資本,意在令添侄在該店使其教督,兼學生理,子侄輩多一人有職業,即家庭中多一享受之幸福,雖不發達,局面亦較好看,亦較完全。余自少年竭力勤勞,余為大局計,非為自己計,此汝祖母所知也。汝祖母言須粒積,不可看錢財太輕,余謂亦不必太重,廈黃仔榜及最美,非數百萬家產乎?而今落魄至無飯可吃,無他,不能培養子侄之故也。余年雖老,身體尚健,應開之費,總不吝惜,眼前得利,亦尚不薄,日後兒孫薪米及教育等費,當能設法周至,汝可稟汝祖母,不必過慮也。此間物價步升,較實初到時不止加倍,存廈之款,汝阿姑當能具函與汝祖母,余不多贅。須付其三月家費國幣肆佰員,到可照收,其二月家費,諒已收到,覆函可卜也。

三十年二月十日 國舊正 上元

再此間受政府統制,每一華僑寄款,月定換幣貳佰伍拾員,指定家費及教育費。方准照上數目備寄,倘係寄款存積,罰款甚重。余自到叨年餘,得利雖不薄,除本地開銷外,無有一個月能寄到英幣至貳佰員者,即極力儲蓄,極力儉樸,亦屬有限。百貨昂貴,費用甚重,各處皆然,如何存積,天未獻亂,能敷衍得過,便是福氣。報載我國平民被炸彈炸死者,已達十二萬二千餘人,歐洲宣戰,亦日有所鬥,

全球無一片乾淨土可以避亂。天實為之，謂之何哉！

本年　寄啟祥：

　　去年舊曆十一月二十日，曾由華僑銀行，寄出信壹封，外附貳佰元，屆今未接覆信，十二月十八日，由紹昌寄出貳佰元，想均收接，覆信在途可卜也。前信中言啟孫須設法令其讀書，此乃汝為人父應盡之職務，添仔須通知汝三姆，如何教督，不宜聽其游手游食，變成壞人。既不能讀書，即挑蔥賣菜，亦為習職，汝覆信時須詳細敘及，倘係教督兒孫應用之費，余絕對無吝惜也。千萬打點實行，勿令余在外掛念為要。北付其國幣貳佰元，除伍拾員還三姆外，餘壹佰伍拾員，即作二月家用，到即照辦為是。

　　　　　　　　　　　　二月十四日　古正月七日　燈下

本年　寄啟祥：

　　在去年十一月二十日，由華僑匯出貳佰元。十二月十八日，作今年第一幫正月家費，由紹昌匯去貳佰元，正月初九日，第二幫二月家費，由紹昌匯出貳佰元，內抽出伍拾元還三姆，想均有覆信在途可卜也。惟十一月銀信，屆今六十多天，未能收到覆信。查之信局，云信到鼓嶼，又須轉船寄到上海，

由上海再轉船到鼓嶼,方達泉州,乃由泉州寄到同安,音書之延遲,原為此故。汝處有無收到,總須聲明,有查信便要發信,乃能分曉。此再匯出貳佰伍拾員,如已收領,即將此款交還三姆,連前伍拾員,計共三佰元,餘僅欠貳佰元,不久便可完帳,後月當再寄也。鼓款伍佰員,現暫交倪子經處,即收作餘款。年內再寄壹佰,湊成六佰。問該項乃寄在文記,特此通知。至前信所言添侄應找路徑,旺仔應入學讀書,如仍設法,信中故須敘明為要。二月廿五　古正十六　再子欽月底能往香港作記室,月薪五拾員,並此達知。

本年　寄啟祥:

昨由華僑銀行接到十二月初十日發信,藉知十月六日、十月廿五日各信銀,均經收到,甚慰。後於十二月十八日,作今年第一幫寄其十元,正月初九日,第二幫寄出貳佰元,想經收接。昨日由華僑再寄出第三幫銀信,只一二日間,此信再十餘天方能遞到,惟前數幫之信,囑汝須令啟仔赴學堂讀書,添仔須通知三姆,是否再讀書,或赴商場學習生意,全然不提出主意,子弟若不習職業,最為家庭將來之害,余所以越萬重洋求些財利,全為培養兒孫計,信中敘及,至再至三,諄諄致囑,而爾等置若罔聞,豈不枉負余一片苦心。余老矣,再在人世,亦無幾年,所以令子侄孫,當必受教育

者，全為爾等後日之計，而爾等全不曉事，可惡已極，如何設法，總須覆信來知，否則爾等既不肯培養子侄，余對於爾家庭之事，亦決意置若罔聞，值此時間，米珠薪桂，吾人料理家事，殊極困難，汝既無才可以料理家事，難道令子侄入學讀書一點小事，亦做不來（再汝可詢添侄作何主意，年已長大，逐日游手游食，現有人庇蔭，方能度日，設後日乏人庇蔭，必不免饑寒，能長此游手游食，得乎？家中人相忍偷閒過日，是大誤事）。余屢次言及，而汝家庭中人，對於余所主張，全然漠視，設老人家灰心，汝一家豈能站得住乎？務必遵照余意，提前設法。須知子弟放縱，必無好結果。即令後日有貲財，亦必破家蕩產，況我本無傢伙乎！如何辦理，須發信為要。順付出國幣貳佰元，到即查收，交還三姆，以完一筆之欠帳（至三月家費，余二月初間即寄匯也）。至汝母痰多，應用藥方，先就湯方煎服，若對方可作藥丸，蓋采未經發癒，藥丸乃久服之用，萬一不對，豈不更添其病。附湯方丸方如後。二月廿九日　正月廿二……再添侄若驕橫，亦當覆信來知，余亦有法處置。

本年　寄啟祥：

去月廿五日接汝覆十二月十二日二號信，國幣肆佰員，亦經照收，甚慰。啟垚身體痊癒，更慰。左腹硬脾雖餘少

許，似須服六君子湯，加三稜栽求別甲，數日服一次，可望痊癒，蓋其疾莫如晝也。孟春已去，正屆仲春，天氣漸暖，歷年如處疾病，每發生於此時。居處最宜潔淨，尤以鼠類最為可恨，故宜買數種滅鼠之器，冀得盡殲，最妥。余從前在同安時，每用大枋一塊，設機壓死，最為簡便，其法汝祖母知之最悉，故宜照辦，勿放過也。此間防務，儘量整理，移家回國者頗多，不知將來局面如何，個人難測。甚恐海面封鎖，則將來銀信，余每提前備寄，正為此故。此星期前當地政府巢阿答厝疏散市民之用（此事不數日即撤銷，想地方必能安和，阿答厝仍然預備，可見政府設法之完全），今未完工，如天之福，人民得安居樂業，固佳。設有意外，余必搬移山佰之較安全處，以求安全（尚可希望不致有此局面），資訊或至中斷，乃意中事，余已通知啟兒，於在鼓年來所取之款，存活支國幣貳仟員，倘需用時，不難開支，以救燃急，家中亦得以此款度活。此乃處亂世不得不如此計畫也。若第三幫（二月九號）銀信，諒經收接，順付其第四幫國幣肆佰員，作四月家費，到即照收覆信為盼。

三十年三月二日，農曆二月五日

本年　寄啟祥：

去月接到二月十九日發信壹封，均各知悉。所云啟垚服

黑色補丸以消硬脾亦屬好用。第此丸內有大毒之藥，服四五日須停一二日，勿服方妥。服之數月，硬脾往往全消。此等方內共四五味即膽礬（為末請之鐵末），雞納霜、砒霜、士的年（此物乃木別子稍較砒霜尤毒）、胡椒，但西法與砒霜、士的年二味用法極輕，故食之無害且能改血使面色好看也。前三月七日（即國曆四月二十一日）曾由紹昌寄出國幣肆佰員作五月費用，想經收入，第屆今近四十天，此間予未接得覆信耳。五六即柴米管制，若辦得好，亦屬無礙，雖初辦期間，定價未合與情，想一二星期必設法就緒，因此物日用所需，不堪久缺也。近況如何？覆信來知，最好於可買時多買數擔，以備不時之需，因柴草非如囤米之犯法，倘存米無多，可供數天之用，亦無所謂犯法，觀局可耳！此再付其國幣伍佰員，到可抽出捌員交碩堂。崇嫂、仙官、恩、培各三元，三姆婆伍員，汝母伍員，汝兄弟二人各四元，專仔陸員，娥仔陸員，合共伍拾員。餘肆佰伍拾員即交汝祖母作為六月家費，余手臂跌傷，已漸復原，未照常者僅二十分之一耳。身體平安，可免他慮。汝須勤謹讀書，方免余在外懸掛。

三十年五月九日　農曆四月十四

本年　寄珣甫：

前五月二十日三十日所寄銀信，均經收到。補函足可

告慰。屆六月廿三日第三號信,由華僑銀行匯去貳佰元交吾弟。廿四日又寄第四號信由廈正大局交北門。余家信五十元,七月一日由華僑銀行再匯寄第五號國幣貳佰伍十員,乃以貳佰元交吾弟潘本,以五十元交家中應用,想第三號信業經十三天,諒已收到。此回又由華僑銀行匯寄國幣壹仟元交鼓浪嶼素馨,復托子欽將交僑興號,如吾弟需用即貽書與子欽令其由郵匯交,先期總按壹仟元,兄已寄交肆佰元,再交陸佰元湊成一千元之數(此條於素馨信內經有敘及,即行信與國棟,令其通知子欽亦可),若有必要全數支用無妨。倘因時局不靖,尚非急需,兄此後亦能接續寄出(一千元免動用亦好),此時在星匯水大好,按國幣算,余每月可得貳千餘元或三千餘元當無一定也。惟吾弟素抱放任主義,兄尚以為不然,如添侄、槐兒,可令其往店內學習生理較為合適。余年老奔波,必願得些貲財為汝母培養兒孫之費,此後寄較鉅款總在鼓浪。同與銀行,因地方匯徒太多,自未便,以此惹人耳目耳。余在星局面亦勿為人道,所以此回寄信直達余家,不欲外泄也。城市若有店屋要賣,不妨打點,於後日寄家信時覆函敘及。順付出國幣壹佰員,即交內人收用,以四元交槐兒、啟垚各一元,三姆貳元,以捌拾元作家費。余外,因物價昂貴,酌貼家中之貧乏者,多少由內人主意,餘不贅。

兄吳筱筠由星寄

本年　樹潭寄父：

　　……家嚴命八月家費，已於本月十九日由中國銀行寄出，因此間信局奉中政府命停收，所以直寄中行，諒不日必能送付。昨在叻，中領事已接電信局照常收匯。

　　　　　　　　　　　　　　　　　　　　八月十八日

本年　樹潭寄父：

　　慈親大人膝下：中秋節近，天氣新涼，際此期間，起居宜慎。大人玉體尤應保重，茲特奉上國幣貳百員，到即希分發一家大小，以備茶資計：三姆拾員，二嫂拾員，五叔陸員，五嬸茲嫂各肆員，潛嫂肆員，添弟、祥極、垚極、娥仔，各肆員，計共五拾肆員，又承家嚴命以陸拾員作岸伯茶敬，崇姆、江嫂、恩培兄各四員合計柒拾貳員，餘壹佰貳拾捌元即提交慈親收下，請求二嫂時常向支，購買滋養食物，若雞鴨、豬肚、豬腰等類，以供奉慈幃年老乏齒，服湯亦佳，湯以較清為好，若稠粘則食不適口，易於討厭。雞肉、鴨肉以作一家人飯茶或加豬精肉，以助其甘味，作為點心可也。男出外，不能在家奉養，倘一家人能代兒盡孝，則感激不盡矣。一家大小，想應均安順。

　　　　　　　　　　　　　　　　　　　　九月十五

本年　樹潭寄父：

　　慈親大人膝下：前月十八日，奉上三佰元，以作一家人補做寒衣，諒經收接覆信矣。物價奇昂，慮當不敷，再寄上國幣貳佰員，即請尊裁彌補，倘不需用該項，即由大眾收貯，經備老人頤養之費，吾鄉米價鹽價近狀若何？希並訓示，以便按月籌寄可也。

　　　　　　　　　　　　　　　　　菊月廿三日

本年　寄啟祥：

　　本日接覆信，知七月十二日銀信，經收到，甚慰也（此期十二日寄信，至本日方接覆信，須五十多天方得覆，比從前延緩甚多，余前此寄信均已料及）。八月所寄十月家費，及潭兒信，諒已收接，覆信在途矣。海上船隻減少，以致資訊遲延，甚為未便。余基清西門後壁厝，竟賣過他人材料，殊為不合，自此屋向余借項，屆今十餘年，利息分毫無有，若照年月雖多，一母一利理算，亦當三千餘元，客竟該屋前厝被軍界占住，以致無利可收，毀打則太不合，而五叔公與之處理，當能就緒，客之賣料所估價，當亦無幾。設與之找買，該屋頗大，將來亦屬有益。現時適遷壹佰拾元，便抵得咱城近仟員，當局或找或收本利，無所不可（再，余基清此

業，余已按祖宗祭祀之業，可由五叔公等共同設法，無不可也，即稟明汝祖母知矣）。第國幣不久為能起價，此間已另函與五叔，俟覆信後，余即作函與子經，將在廈從前所存款項，由子經處攜出與之承接可也。此間除家費外，不能隨便匯寄，若以他項匯寄，為致處罰，特此道知　順付出國幣伍百元，到即查收作十一月家費，政府科派雖重，照出無妨，即多寄也。

三十年舊九月三日　新十月廿二日

本年　寄啟祥：

　　前覆信中，欲余書字格以便學習，茲將書兩頁付汝，到可照寫，然慮長短未合度，此後需用，可照紙辦，求汝五叔公書寫，較為利便也。余令添任赴五叔公店內學習生理，是否遵行？汝即照覆。萬福士輪船來言，此回海面船集，來往較不便當，銀信較前遲滯，故家信至今未再收接。茲再付出國幣肆佰員，作二月家中經費，如已收到，即具覆可也。此示　垚孫安否？念念。傾接十八號覆信，其貳佰元已照數查收，甚慰。中言百物昂貴，各處皆然，此後價格當能較平和。垚孫瘧癒，甚喜。但左腹硬脾，尚非痊癒。余前信係寫貓江茨頭，汝茨字寫作前字，何處買藥？此茨同安甚多，藥店多有，非難買也。第服草頭方，最宜謹慎，在藥店買來，

須向他藥店問其對否,方可服,恐食錯則反有害。此物治硬脾,每月三錢燉雞湯服,兩三次即消。或服煎濟亦可,但較後耳,方錄上。

三十年新正九月　古十二月十二日

1942年

本年　寄啟祥：

　　前月十三號曾備函托廈門商號交汝壹佰陸拾員，想經收入，茲因陰曆十二月各家過年，須多費用，再托該商就廈拔出港幣貳佰肆拾員，交汝母收用。內可抽出三拾員，交汝三姆婆，又三拾員交汝五叔公，半共港幣陸拾員。餘壹佰捌拾員，交汝母家用。此十二月作一次備交，不再寄第二次，俟來年正月，方再由銀行備寄，預此通知。余教汝讀醫書，乃根本切要之事，後日經費，乃有所從出，汝不宜放過，亦不可以初看漫無頭緒，旋即放棄，若有未明白之處，即請教汝五叔公，蓋彼雖不傳授於汝，斷無向其暫時請求而不肯授教之理，要在汝肯用功與不肯用功耳。余少時讀書醫書，並未嘗請教一人，屆今成就幾為全國第一即是證也。余病屆已轉機，不久便可復原，信下思歸念切，倘海面安寧，即便預備，屆期當先達知於汝也。另附汝五叔公一信，到即轉交。

一月四號

本年　寄啟祥：

　　前月二日由紹昌寄出國幣陸佰員，作十二月家費，因是月過，屆年關，本須多用，諒不日可收到回信也。十四日潭兒可寄出貳佰員，水路不通，料收入必致延期，此間新曆十二八日即十月二十日……當地政府計畫周密，自可無虞，誠恐吾同遙遠，音書遲滯或致謠言惑聽，故並俟及。茲付出正月家費國幣肆佰員，到即查收應用。現市民疏散有序，政府保護極好。地方安堵。余仍在會館診症，但每日收款僅俱柴米屙稅之需。此後恐不能多寄。時事孔艱，或當他往謀生亦未可料。家用量入為出最要。子三了欽在港營商，資訊已不能來往，諒必安全無恙，有暇時切切寄信，由鼓查明，俟後日覆信時，詳陳一切，以慰遠望。余此後因水運中斷，銀信為難接續，倘在家之費，馨及義尊處尚有存款，可先支用，中行存款亦得抽出應用。第未知該行在鼓局面如何，應先期查明。倘可商酌，屆期即與汝姑等（馨媛）商量辦法可也。如何之處，覆信來知。

　　　　　　　　　　　三十一年正月七日　農十一月二十

本年　寄啟祥：

　　本日接一二五日福信，備悉一切。高春興與之應酬，極是。所言廈門屙稅，余已令懷托啟緯辦理。值此時間，萬事看

破,殊無問題,汝欲將此款移作家用,亦合。附交子經函,即寄廈,令其照寄可也。來春碧慧出閣,酌量與之應酬就是。五叔公處,余前信已通知也,並寄港幣陸拾員,以十元交汝五叔公,以十元交汝三姆婆,肆拾元交汝家用,想經照辦。茲再付出港幣柒拾伍員,到即照交汝五叔公拾員,汝三姆婆拾員,餘伍拾伍員交汝家用。叨地景氣不佳,收入銳減,儉用為要。

新二月一號燈下

本年　寄啟垚：

昨午接汝覆信,知該項已收,且照發,甚慰。附汝五叔公來函亦照收。正月四日由廈再拔付出港幣貳佰肆拾員並信壹件,諒近日亦已收到。茲順付出港幣捌拾員,即如前以拾員交汝五叔公,拾員交汝三姆婆,餘陸拾員交汝母家用。世界紛紛,亂事幾於普遍,此間街衢漸覺平靜而較遠亦播蕩異常。民間浩劫,幾無一地可以避免,吾國雖比他處安適而水陸難通,生計困難,亦是缺點。汝兄讀書在廈,情況未知若何?余甚掛慮。彼之年齡尚幼稚,最好不干世事,一心求學,希得平善度日,自是好處。余在外百事謝絕,無論何種社會,概不干預,以此調病,得漸復原爾。五叔公余不另函,汝交拾員與他並將余意通知就是。

新二月二號

本年　寄啟祥：

　　前月五號及十五號諸人助幫均勻付出，兩信至今未覆，想係身車來往不便，此間地方治安漸好，余身體亦得康健，但年老精神稍差耳。近聞廈地將（即將海口移內地）移民，事之有無，未能評悉，但吾同離廈較遠，定安表靖勝常也。叻地柴米菜蔬，較前昂貴十餘倍，手面營業之人，多入不供出，以繁榮街市尚若此，何論其他，惟有勤儉度日，求得平安，便是福氣。汝兄弟年均幼稚，宜讀書，讀醫書尤佳，讀得好，到處無不利益，此乃余親歷而知其必然者。順付出港幣捌拾員，以拾員交汝五叔公，以拾員交汝三姆婆，以陸拾員歸汝母家用，餘無別及。

四月五日

本年　寄席珍次婦：

　　四月前接來四月十六日信，所言各情均悉。長孫赴廈讀書，已年屆十五歲，便當入學並受軍事訓練，全國如斯，無有異也。所言三月十五日信未交，此信余如交吾弟，彼說與汝，承接清楚自是。失前者有別，其銀行回執，此覆。本日經接及十月底亦有由中國寄信次直達吾弟，諒近日已接受，彼多能行發也。茲再付出港幣捌拾壹員六角三分，到即接

收。以三員交汝三姆婆，餘歸家用。此間地方不大靖，數日前坡督森被炸，未受傷，其謀事機關牙以龍三十三條巷，已破獲擄八男一女，處此期間，世界無一片乾淨土，余思歸念切，因搭輪不便，無可如何也。今年來精神大不如昔，進款亦薄，看局面有機會即速歸，無留戀他鄉之意。家庭以儉用為主，此間政府例禁甚嚴，每人每月只得寄叻幣肆拾伍員，多則監禁三年及一萬員之罰金。

五月五號

本年 寄啟祥：

近有人來言汝母囑其到叻後，向余言，謂余須速歸。一則汝祖媽尚未歸土，汝五叔公年老，行走不便；一則廈門業產紛如亂絲，須回家整理；一則汝等，余當再任教督之責。諸事今均明瞭，亦屬當務之急，自應一一施行。但以近今世界，無一片乾淨土地，大家值此時局，能得偷安過日，便是大大福氣，否則生者具其法照顧，何論死者，現海面船舶危險萬狀，英國商輪愛波號經中水雷沉沒，搭客及辦事人等，一概死亡，何從來往，即云廈門業產糾紛，汝若得收稅，隨便，向收從難收，亦看破就是，但若有人照契，汝可言寄在余處，惟明三借契，從前有收回否？余前屢次詢及，竟未照覆，今者世界紛紛，無論何地方，大家都看破，無從處理，

亦無從計較也。至教兒孫一節，余年雖老矣，無時敢忘，特水途遼遠，阻礙甚多，老人斷無冒險之理，即冒險安抵家鄉，衣食亦必發生問題，在外洋，街衢亦稍平靖，生意尚在，不堪設想，余亦不貪戀久居，稍有時機，亦即速返，可免介也。順由中國銀行付出港幣捌拾壹元六角三分，到即照收。以拾員交汝三姆婆，以拾員交汝五叔公，餘歸家用。余為汝號一書名為長其，取《詩經》「長發其祥」，白號字，為啟垚號一書名為舜其，取古人堯舜名義。此後若有家信，寫此名可照收，若刻印，可刻「長其」二字，不用字姓，以此乃字名免用姓，若大名別於乳名，後日再號。

　　　　　　六月二號　　覆信內信後均寫孚塘方不致誤

本年　寄席珍二婦：

　　十二日及昨接汝前月十四日覆信，言該項已收接，甚慰。惟日農曆五月二日及汝祖媽忌辰，茲再寄出港幣捌拾員，到即查收，以應祭祀之用，並撥拾員交汝三姆收入為要。惟前月廿二日，曾寄出一信，諒已收接覆信，餘無別及。在外平安，免介。此信及余所寄，此後若有其他名義，寫信與汝，應照信內姓名覆信，不可寫余名，至切。傳聞國內會議，將調查各家神主，未知有是事否？若有，可覆信來知，無則罷論，可免提起。六月六日早……再本早閱南洋商報，金廈殆非安善佳

居之所，汝前何為令祥孫往廈就學，如可召回同安，亦人民政府統治下，似較平允，可通信令回家為要。

本年　寄啟祥：

　　本十九號接汝二月一號覆信也。知汝杭州之行，業經取銷，舉家亦平安，甚慰。惟余於本十四號再行寫信付寄，是晚雖然唇口歪斜，言語模糊，甚為憂慮，經連日服藥，均經復原，惟右偏下頦，近項處滋生一核，約拇指大，知甚關係音嘶，已延助個月，極力施治，後核消失約大半，而聲音似未復原，殊可慮也。老人到此期間，不得從速回家，教督汝輩，尚流落在外，彼此家費又須靖力拼擋，加以諸病纏身，尤為苦況。幸得三姊早晚侍奉，尚覺認真，差堪自慰。爾須熟讀醫書，希望後日得維持家事。余老境頹唐，不堪設想，命也何如，惟有看破世情，期可偷安度日，他無所望也。順付出港幣柒拾伍員，到即以拾員交汝五叔公，以拾員交三姆婆，餘歸汝母家用。

陸月二十日燈下

本年　寄啟祥：

　　本月二號收汝發信，言寄款伍佰元已照收，甚慰。內

云風水已不能進行,並云:銀元貶值,值茲世界紛亂,實無如何,順付出袁頭白銀伍拾員計叻幣肆佰元,到即以五員交三姆婆,以伍員交汝五叔公,餘歸家用。余前與倪子經信乃整理中,山路藥惟德店稅事,倘諸事設法就緒,就厝稅亦可抵家費,以後按每月寄一幫信。因地方不景氣,據政府調查,每十天生理須七號收盤。余收入銳減且寄款亦損失殊大也。藥惟德對於交店稅事,殊太取巧,汝要轉寄余信與子經時即囑其觀局收局,但不宜使他過佔便宜,本擬將信直寄與文記,但此間信局一張信須半元,費用太重,故此附我家信內,汝或加書單保險,由信局寄廈可也。

七月十三號

本年　寄啟祥:

十一月十三號去信壹萬並匯款亦如數收入(非廿三號),甚慰。風水事不慎於先,以至於糾紛。余從前付信時屢言及甚畏之,竟不出余所料,乃作事不精細之故耳!順付出袁頭白銀伍拾員,叻幣伍拾員,匯十元。到即以捌員交三姆婆收用。餘肆拾貳員可作家費,新的屋稅有頭緒否?即覆。汝患疥瘡五年餘,何從前來信俱不言及,自身若痛乃怠惰至此,殊非法也。余有驗方可速癒,方列後。此症存在家內多年抄本亦有治法,汝目不檢耳。汝須與五叔公讀《傷寒

書》，至要。余在叻逐日收入極短少，三姊讀醫書已能診症，此回伊胞兄有一子過房與他，經向政府立字，余亦須多花銷，老年多累命也。何如彼此總須儉用為佳。余在廈所存醫書甚多，前子欽來信云寄在義旺處，前此屢有言及，何已數年並無一言回覆，尤見汝怠惰之至，信到，可向汝五叔公查悉，抑或托汝五叔公寄信與義旺，照查明亦好。該書已寄回同安為要，應花干費，余也不惜也。此等書，余幾十年精神始購得，實在不忍放棄，汝須知之。在外平安，免介。家庭每餐須常食菜頭菜豆，以免發生熱病，至要。余在廈在叻多年，調養均勻如是，故免生疾病。大約四年耳，少食肉類，故得健康，此法美國人最有講究。即去年十二月將發生者人病，亦多食菜蔬菜豆獲免，汝須知之。

八月一號

本年 寄啟祥：

聞汝赴廈讀書，該地非平安區域且船隻往來不便，暫停止為佳。北因七月需費較多，八月中秋及十七皆各是汝祖父生辰及忌日，茲特付出港幣壹佰貳拾員，到即以貳拾員交汝三姆壹佰員交汝作兩次開費。余此間收入短少，因各處人民難以安居樂業，全球如此，不勝感慨。余慮海面必有一日交通不便，經驗函囑子欽，籌畫交素醫處，屆期彼為能具函與

汝也。第無論何種紙合用，須揀擇謹慎收存些少，以應不進之需，非過慮也。在平時固無關係，到緊急時則苦況備至。余因前此日本來星，備嘗其苦，順此以聞。在外身體衰弱，不能耐勞，順此馳達。汝覆信時但言家事，外事不可陳述。

八月廿日早　舊曆七月十日

本年　寄啟祥：

本月十四日，接汝母來信言八月信二十四日有收，然並無資訊，查之信局，言此幫他家亦如此。因海上航運至機未便，改由路程赴寄，因致遲延，想近日而能補交也。余在外一月來病身頗苦，善似而不能食且胃痛得食稍安而食不得入，屢經吐出，昨夜又苦不可言。老人得此病，實無可奈何也。正極力調養，能否平復，殊難預料，床下不有行走，尤為難堪。前月付項香幣捌拾員，雖未接信，可抽拾員交汝三姆婆，另拾員交汝五叔公，茲再付出香港幣捌拾員，到即收入，仍照上條分發。其前月有托香港撥款，由汝素馨姑達知於汝，經收接否？照複為是。九月十八號……書成因清早病苦未寄，本早晚酸水大吐也。肋痛甚，饑甚，不能食。有一人並非醫學家，言他少年曾患此病，用胡椒根尺餘長約四條洗淨，爐撫腳節，服三次即可除根。午後買食之，果然大致方佳，秘方這靈效也。查此症西醫謂之胃擴張，每一症治療，須一兩個月。我國醫書雖有此

症，而效力動須數月，甚至難效。余以八十老人，僅數日不能食而身體殊難支持，再遷延日久，類必無幸，茲幸有此奇方，隨食隨效，午後便吃一稀粥，至六點半未食，竟不饑不痛，再服一兩次，諒必除根。先此報告，後信再詳。此信可令啟垚送與五叔公閱之為荷。

本年　寄席珍二婦：

收知來信，備悉一切。所言覆信各節，乃郵信非銀行及信局之信，想因失落致滋蒙混。余因身體多病，亦無暇查考，順由汝五叔信內付出港幣陸拾員，由其轉交，到即收入一併覆信為是。余胃部肌肉痠苦，精神不健，手足亦無力，逐日多睡以資調養，此三日間，病勢覺輕，仍未全能癒也。老人以肋力就衰，一至於此，幸此間尚可營養，倘在僻陋地方，營養不佳，必更苦也。

九月四號

本年　寄席珍二婦：

收知前所寄信，由中行付出者，多以得覆。惟自八月十四日起由信局寄一幫，九月十四日寄一幫，據八月所寄之信，詢查子欽，撥交款項，囑令素馨備港幣陸佰交啟祥，有

無接收及難以理會中行收寄銀信，以余名義查，已均為覆單，可免置議。倘若下幫由信局匯寄者，應詳細覆信或另函由信局寄來亦可。八前月十四日函言，所患病狀到二十號已痊可，但老人患此重病，至今飲食尚未正常，身體困倦，步履艱難，老病之難恢復常態，一至於此，大約再一星期或者可以痊癒，順付出港幣捌拾員，到即查收。以拾員交汝三姆，拾員交汝五叔，餘陸拾員歸汝家用，余無別及。

十月四號

1946年

本年 新加坡中醫師會召開第一次同人座座會,推舉吳瑞甫為主席。

10月 《南洋商報》副刊創辦《醫粹》軒園地。

1947年

本年 新加坡中醫師公會舉行第二次會員大會，討論會所問題，吳瑞甫被推舉為委員。

3月 本會刊物《醫粹》、《醫統先聲》創辦。

10月 中醫師公會成立二周年紀念並出版《醫粹》合訂本，吳瑞甫先後在該刊發表〈星州中國醫師公會醫粹合訂本序言〉、〈醫粹略談〉、〈對於星州醫學界之期望〉、〈敬告全國政界暨各醫界各社會保存醫學國粹書〉、〈廈門公會成立贈醫之宣言並糾正金匱學說以求海內外諸醫學大家之討論〉、〈覆陳習庭大國手書〉（以上文章已重刊《吳瑞甫學術研究文選》，一九八四年福建省衛生廳中醫處等編）。

1948年

本年 新加坡《同安鄉訊》五月號第二期刊〈各界贈吳瑞甫先生回國詩輯〉，全文如下：

瑞甫鄉先生避地南來，瞬經十載，提倡醫學，主持風雅，咸瞻之如泰山北斗，茲以久客思歸，為詩餞行，想同社吟侶，定有珠璣見錫，以志鴻雪，因不惜拋磚，欲思引玉。

〈洪鏡湖稿於同安會館〉
三秀矗靈州，雙溪匯眾流。
山川多勝慨，文獻仰前修。
寒竹佇霜翠，風松歷劫遒。
松榆留碩果，珍重送歸舟。
晴晴黃髮叟，底事復南來。
鼓浪濤聲惡，山陽笛韻哀。
沉沉觀落日，暗暗盡陰霾。
閱歷滄桑後，難忘到劫灰。
風雨猶如晦，茫茫百感中。
八年勞抗戰，同室又興戎。

皓首思歸隱，蒼生苦困窮。
還須醫國手，於變見時雍。
國事蜩螗日，歸期未有期。
故鄉勞夢寐，異地定棲遲。
秋水伊人溯，西風動客思。
黃香垂晚節，對景相正宜。

編者按：吳錫璜字瑞甫，世居同安縣城，書香世家，孝廉茂才萃在一門，君弱冠遊庠食餼，旋於癸卯鄉試秋捷，世代皆以醫名，幼奉庭訓，經史而外，兼習岐黃家言，自少即有聲醫林，所著各醫書，出版後俱名噪一時，以品學為官紳所重，僉議聘任以總纂縣誌，在廈公舉為國醫館長，及國醫學校校長，造就頗多，淪陷後移住鼓浪嶼，暴日屢欲屈致以不就累被威脅，乃南渡星洲行醫，未幾變為昭南，處境遭逢殊為可痛，又皈依佛乘消除塵慮，光復以來，其名益顯，今將返國，合闡幽光，以為世範。

吳再炎〈吳瑞甫師近將歸國賦詩送別即次鏡湖先生原韻並序〉：

　　師與予相處十餘載，廈島淪陷，師避居鼓浪嶼，余適返梓省親。復數月後，余則由南安過鼓島，悉師健在，即造謁，師愕然曰：余年耄矣，未能執干戈以衛社稷，當此之

時，青年人宜自愛重，勠力從公，以固國家之元氣，汝何重踐此暴日垂涎之地乎？宜速離為要，余則以欲南來繪畫籌賑，聊盡國民一分子之責相告，師於是欣然為余作序。當暴日在廈欲設立海關至船中檢查之翌日，余蒙師之勉，即毅然離鼓趕港。嗣後來星，承廈門公會命諸同仁邀請參加星華書畫聯合籌賑大會，以悉數收入充作賑款，而師於越年亦因暴日強迫其主政不屈，逃離來星，想見之下，不覺默然。越兩年，星洲失守，師復於余朝夕相處，均以國家民族為前提，暴日必敗相警戒。其世兄樹潭君被檢證加害為演說深明大義而死，死復何恨，師泰然處之，高風亮節，於斯益彰矣。光復後，余能以幾根傲骨相慰故人者，皆師之陶冶也。今師欲返國，諸友人皆賦詩餞行，余焉能無動於衷，因抒積悰，藉表微忱，並希諸大吟壇賜教。

　　遁跡駐星洲，人居最上流。
　　高風欽晚節，明月證前修。
　　竹翠筠偏勁，梅香韻更遒。
　　倦游思返國，大著滿行舟。
　　劫地忽重開，轟聲動地來。
　　謀生方出走，隨處添悲哀。
　　海立風逾黑，陰凝日易霾。
　　是誰甘禍首，轉瞬便成灰。
　　盡有曦光在，聲名遠播中。

文章追子固，醫術勝元戌。
人老心非老，時窮道不窮。
還期大國手，調燮洽堯雍。
饕鑠是翁者，歸與正預期。
為醫原世業，行道足欽遲。
島噫應同慨，天倫享所思。
家山供嘯傲，何地不相宜。

丁江許炳文〈送吳端甫老先生榮歸即步洪鏡湖兄原韻〉：

盛譽播南洲，中堅砥逆流。
醫宗欽泰岱，儒學養齊修。
自昔功名顯，於今憩息遊。
臨風遙寄祝，順送一帆舟。
今日君歸去，何時君再來。
僑團多破裂，政局陷悲哀。
東北山河碎，西南雨霧霾。
好憑醫國手，掃盡炮煙灰。
否泰循環理，興亡變態中。
升平崇禮樂，混亂尚兵戎。
濟世人爭頌，懸壺士固窮。
著書忘歲月，歸隱樂熙雍。

浩劫頻年慘，驚心何所期。
君能歸去早，我尚此棲遲。
故國癰疽潰，他鄉藥石思。
真人吳大道，再世保生宜。

〈送本會主席吳老夫子瑞甫醫師北歸感賦七律四首錄塵斧政〉：

海外相逢亦夙緣，況因師友樂忘年。
詩文豪邁爭傳誦，醫學昌明得秘詮。
點石成金欽月旦，回和起死喻神仙。
忽聞北返真消息，無限樂憂忍悄然。

時親謦欬見襟期，湖海咸欽一字師。
文貴將兵兼將將，術精醫國復醫醫。
治生悟徹華佗秘，遯世常懷張翰思。
此日榮旋人供羨，一堂星聚耀門楣。

八閩山斗共瞻韓，閱盡蒼桑眼界寬。
富貴不生如敝屣，文章幾度挽狂瀾。
臥薪卅載窮經旨，倚馬千言仗筆端。
問道匆匆賦歸去，連宵立雪夢難安。

博通今古不矜奇，醫界詞林亦我師。
曠達胸懷無罣礙，良知指示悉機宜。
異鄉送別難工韻，濁世能清具卓思。
七六高齡獨矍鑠，預謀他日祝期頤。

林庶利〈送吳瑞甫夫子回國有序〉：

瑞甫夫子醫參造化學究天人，執海內外文壇醫社牛耳數十年，道德文章為世所欽，利隨术行來脩以上，但於拙作應徵，屢蒙拔取，千里神交，雖同稽阮，而師生名分已定，今夫子榮旋祖國，用賦一言為他日拜見見之先容光煥發耳。

悲天浩劫憫人窮，吾道其南大有光。
一代儒醫瞻泰斗，盈門桃李挹春風。
交同稽阮情尤摯，誼黍師生訊未通。
今日送君歸國去，福星移照八閩中。

陳住南〈送別吳瑞甫先生步友人林庶利原韻〉：

星斗羅胸運不窮，醫人醫國有殊功。
回天續命才如海，避地同仇義可風。
句貯奚藝稱意滿，神交有道藉情通。
梅山歸隱春風淡，雲樹蒼茫想望中。

梁如山〈送別吳瑞甫先生有序〉：

　　山與先生各因匆忙醫業，致乏過從，而文字因緣殊有相知之雅，因而效顰步林庶利原韻。
　　名儒神術已先窮，挾技能參造化功。
　　共仰泰山兼北斗，遍沾時雨與春風。
　　國手稱奇遵仲景，筆花擅妙繼文通。
　　而今道範言旋日，德望留人胸臆中。

晴庵〈送別吳瑞甫先生〉：

　　文章道德久欽遲，海內推崇一代師。
　　術比倉公懷濟世，才如杜老抱傷時。
　　門牆桃李天桃植，絳帳春風化雨施。
　　今日揚帆歸國去，吟壇從此孰評詩。

夢花謝曉楠敬贈〈送吳瑞甫歸國有序〉：

　　先生字瑞甫，名登賢書，壽越稀古，業紹岐軒，才同李杜，精明醫術，活人無數，劣作應徵，累蒙錄取，翰墨結緣，威儀未睹，聞欲榮旋，騷壇乏主，送別賦詩，自慚愚魯，口占二律，班門弄斧。

大名久仰願瞻韓，邂逅緣慳面識難。
業紹軒岐醫濟世，才推李杜擅吟壇。
心宏樂育桃栽遍，手妙回春竹報安。
聞道欲歸歸未得，冀聆佳誨契金蘭。

〈再步晴庵先生原韻〉：

醫務纏身返國遲，斗山欽仰共尊師。
驗方編輯書成日，秘訣宣傳譽著時。
國外僑胞咸澤被，站前桃李感恩施。
驪駒待駕留難久，送別留殷競賦詩。

劉潤芝〈呈贈吳先生瑞甫〉：

久客他鄉忽倦游，榮旋指日別星洲。
文壇從此虛名席，醫界於今幾巨頭。
士為亂離居異地，人因風雨感同舟。
豪吟未減憑誰判，行色匆匆不可留。

張斐章〈贈吳瑞甫先生〉：

同道榮旋欲定期，臨行屢獻送行詩。

鷺江醫會誰爭長，獅島騷壇幸得師。
點鐵成金垂妙諦，奇方異術悉良規。
慈悲便是先生德，中外同胞口盡碑。

李華亭〈贈吳瑞甫翁〉：

一、步劉潤芝先生韻
報導先生返國游，榮旋順利別星洲。
詩章此後誰評判，醫會於今孰領頭。
萬里長風乘破浪，一天明月送歸舟。
曾聞指日懸帆發，老大還鄉不久留。

二、步張斐章先生原韻
近聞指日作歸期，餞別殷勤屢贈詩。
此後清吟誰作主，教人惆悵失良師。
名山著述千年業，白社賡歌百世規。
松菊猶存應媲美，高風亮節口皆碑。

陳習庭〈呈贈吳先生瑞甫〉：

自從大著溥南方，精義傳宣利澤長。
桃李盈門皆穎秀，陰霾盡掃莫披猖。

高風聽至名逾重，時雨同沾道益彰。
忽聽一聲春欲去，求知何處傳神傷。

吳秉璋〈呈吳瑞甫先生歸國〉：

只因避世到星洲，亮節英姿第一流。
倭寇豈能教屈節，秦風早已賦同仇。
詩宗李杜誰能擬，術紹軒岐孰比儔。
從此錦旋嘗素願，林泉嘯臥樂憂遊。

鐘惠我〈送別吳瑞甫先生〉：

不甘供傀儡，離廈到星洲。
正氣參天地，芳名貫斗牛。
醫林稱國手，學說布環球。
載譽還鄉云，家國好息遊。

游杏南〈送吳瑞甫夫子回國二首〉：

聞師將返國，迢遞遍詩情。
節義三能耀，文章四座驚。
高山常我仰，流水送君行。

最喜春風坐，天教月伴庚。
漢室珠崖棄，男兒渡海歸。
大櫞催暮景，明月照空扉。
佳節難如願，良師不復依。
天緣如可假，立雪與遄飛。

謝雲聲〈送加別瑞甫伯回國〉：

蠻觸爭猶烈，如何返國行。
十年嗟客倦，此別動鄉情。
松柏經霜勁，詩文到老精。
青囊不自秘，隨處拯蒼生。

賀用樑〈吳瑞甫夫子回國〉：

聚首難言別，臨岐淚黯然。
星洲春露滿，閩海流霧連。
歲月休讒苦，迎風每欲仙。
德高碑載道，醫史費留研。

星洲延陵聯合會〈瑞甫宗老伯將返國敬呈五律二首贈之〉：

倏忽登上壽，皤然一老彭。
降年知日永，樹義覺天驚。
著述光寰海，旋歸計旅程。
心滿崇四聖，卓犖冠群英。

離亂遍神州，驟然萬里遊。
滿腔家國恨，一望海天秋。
憤絕來時苦，心傷去路悠。
老情應少慰，珍重送行舟。

金門居士〈送吳瑞甫老先生歸國〉：

我愛吳夫子，素情濟世心。
儒行醇而粹，醫術宏且深。
家學有淵源，早折蟾宮桂。
覃思窮內經，遂棄帖括藝。
秘典闡靈蘭，虛室藏金丹。
揣摩五十載，遇疾無困難。
用藥如用兵，擒王先擒賊。
瞖子潛捕逃，黎元葬千億。

閩南開學府，桃李酷春風。
蘆溝變忽起，二島淪沙蟲。
避地來炎荒，賢郎遭檢證。
與我病相憐，鳴冤群回應。
相從組醫會，擁戴為主盟。
專刊發今古，國粹益昌明。
冠冕風雅人，吟壇重拜將。
九原起菽園，分庭禮可抗。
功成身欲退，浩然思故鄉。
何以壯行色，詞翰壓歸裝。
海運憶前期，大魚為大鳥。
無限雲水程，長留雪泥爪。
遙知都人士，歡迎南極星。
彼岸一回首，視此眾生靈。

醒老〈送瑞甫吳公歸同安〉：

學貴時代化，如盤銘日新。
知新本溫故，譬猶果與因。
更疊宣茲旨，恨悔徒諄諄。
偶因文字緣，知己得兩人。
菽園不可作，公又歸同安。

萬家老生佛，十載去復還。

自來中西藥，伊呂伯仲間。

唯當互與學，得道皆孔顏。

公歸整原校，何止復舊觀。

仰高一欺喟，重重山外山。

還逢舊相識，含笑開廣寒。

雪庵初稿〈恭送吳瑞甫前輩歸國二律〉：

海角會明經，愛予眼獨青。

文章高北斗，才學冠南溟。

胸豁開山嶽，心澄映日星。

相憐奚獨厚，只為惜惺惺。

婆心功濟世，藥到病魔除。

醫案成千冊，驗方贏五車。

倉公池上水，扁子袖中書。

黃裔同施惠，親親特愛予。

12月 浙江杭州出版的《健康醫報》第四十六、四十七期刊有消息〈新嘉坡中醫界近況〉，其中提到：「新嘉坡名醫吳瑞甫先生主持之中國醫藥會本年十一月二十七日適為周年紀念，除開會慶祝外，並在南洋商報醫粹版出版特刊。」

本年　新加坡中醫師公會決議慶祝國醫節,推舉吳瑞甫為慶祝會籌委會主任。

本年　新加坡中醫師公會第三屆代表大會,推舉吳瑞甫為理事。

本年　在新加坡《中醫之光》復刊第六、七期連載〈為檳榔嶼醫藥之聲社十二周年紀念進一解〉,文章開始說:「自中央國醫館有以科學方式整理國醫之說,全國醫學家竟相附和,幾謂中醫皆蹈常故,不如新醫之有發明,矯枉過正者,且謂必須將中醫藥廢除盡淨而後已,而不知中東西各醫學,實有難於溝通之處,亦均有不可磨滅之處。」

1950年

本年　《南洋商報》刊登〈中醫師公會推選各幹事並為吳瑞甫徵詩〉。

11月　《南洋商報》刊登〈吳瑞甫先生重遊泮水徵詩啟事〉。

本年　新加坡中醫師公會第五屆互選會議，推舉吳瑞甫為常務理事長。

本年　新加坡中醫師公會，推舉吳瑞甫為代表。

1952年

1月13日　在新加坡逝世,終年八十二歲(虛歲)。

1月14日　《南洋商報》載:

　　本坡名中醫吳瑞甫氏,昨日下午四時四十分,病逝於其寓所,享年八十一歲,吳氏在本坡中醫界有崇高地位,歷任中醫師公會主席,並任其他若干僑團要職,中醫師公會將聯合若干僑團,組織治喪委員會,辦理吳氏喪事,訂下星期日出殯。

　　吳氏為前清舉人,對國學深有研究,曾擔任本報副刊「事鐘」之評選人,南來前歷在廈門擔任中醫學校校長及國醫館。

附記

吳瑞甫為民國福建名醫,目前坊間僅見零散傳記及簡短介紹,尚無年譜。

本譜書信據《吳瑞甫家書》(廈門大學出版社,二〇一八年),凡此書未見書信,均為本人收藏。

本書重譜主詩文、時論及傳記史料,專業醫學論著僅列篇名,坊間已刊文獻一般不列,以譜主同時代史料排比為主,未列異時代史料。

為省篇幅,書信稱謂套語祝辭略去,為免冗贅,個別處有節略。原書信多殘破,家書繫年據內容推測,或多有不確處。抄引書信,保留舊人行文習語(如員、元、圓及數字大小寫互用等),未以今天習慣改易。特此說明。

編者
二〇二二年三月廿日於廈門

史地傳記類　PC1157　讀歷史179

吳瑞甫先生年譜簡編

作　　者 / 謝　泳
責任編輯 / 邱意珺
圖文排版 / 陳彥妏
封面設計 / 嚴若綾
封面圖片 / Freepik

出版策劃 / 秀威資訊科技股份有限公司
法律顧問 / 毛國樑　律師
製作發行 / 秀威資訊科技股份有限公司
　　　　　114台北市內湖區瑞光路76巷65號1樓
　　　　　電話：+886-2-2796-3638　傳真：+886-2-2796-1377
　　　　　http://www.showwe.com.tw
劃撥帳號 / 19563868　戶名：秀威資訊科技股份有限公司
　　　　　讀者服務信箱：service@showwe.com.tw
展售門市 / 國家書店（松江門市）
　　　　　104台北市中山區松江路209號1樓
　　　　　電話：+886-2-2518-0207　傳真：+886-2-2518-0778
網路訂購 / 秀威網路書店：https://store.showwe.tw
　　　　　國家網路書店：https://www.govbooks.com.tw
經　　銷 / 聯合發行股份有限公司
　　　　　231新北市新店區寶橋路235巷6弄6號4F
　　　　　電話：+886-2-2917-8022　傳真：+886-2-2915-6275

2025年9月　BOD一版
定價：390元
版權所有　翻印必究
本書如有缺頁、破損或裝訂錯誤，請寄回更換

Copyright©2025 by Showwe Information Co., Ltd.
Printed in Taiwan
All Rights Reserved

讀者回函卡

國家圖書館出版品預行編目

吳瑞甫先生年譜簡編/謝泳編著. -- 一版. -- 臺北市：秀威資訊科技股份有限公司, 2025.09
　面；公分. -- (史地傳記類；PC1157)(讀歷史；179)
BOD版
ISBN 978-626-7770-11-5(平裝)

1.CST: 吳瑞甫　2.CST: 年譜

782.987　　　　　　　　　　　　114010519